elefante

CONSELHO EDITORIAL
Bianca Oliveira
João Peres
Tadeu Breda

EDIÇÃO
Tadeu Breda

ASSISTÊNCIA EDITORIAL
Fabiana Medina

PREPARAÇÃO
Daniela Alarcon

REVISÃO
Carla Fortino
Andressa Veronesi

ILUSTRAÇÃO DA CAPA
Linoca Souza

CAPA
Túlio Cerquize

DIAGRAMAÇÃO
Denise Matsumoto

DIREÇÃO DE ARTE
Bianca Oliveira

Rafael Domingos Oliveira

Vozes afro- -atlânticas

autobiografias e memórias da escravidão e da liberdade

Aos milhões de mulheres e homens que
forçadamente atravessaram o Atlântico
e construíram o mundo em que vivemos,
inspirando-nos a transformá-lo no lugar livre
e justo que não conheceram.

À minha mãe, Griselde, que me
ensinou a importância disso.

APRESENTAÇÃO 9

PREFÁCIO 13

INTRODUÇÃO 21

31 CAPÍTULO 1
Doze milhões de histórias e a História

55 CAPÍTULO 2
A produção social das autobiografias de escravizados e libertos

95 CAPÍTULO 3
Áfricas e a Passagem do Meio

151 CAPÍTULO 4
Significados da liberdade: cativeiro, abolicionismo, fé e nação

PALAVRAS FINAIS **193**

201 CADERNO 1
Repertório biográfico

227 CADERNO 2
Repertório iconográfico: frontispícios, retratos e ilustrações

REFERÊNCIAS **267**

AGRADECIMENTOS **287**

SOBRE O AUTOR **289**

Apresentação

O antônimo de jovem é maduro. Uma das entradas semânticas para "maduro" refere-se a "espírito ponderado, refletido, prudente". Maduro também é sinônimo de experimentado. Logo, jovem, por suposto contrário imediato, diz respeito àquele que não tem o espírito amadurecido. Também pode dizer sobre aquele que "ainda possui o vigor da juventude". Assim, no seu contrário e nos seus significados, maduro e jovem são qualificações que podem evocar atributos positivos ou negativos, a depender do ângulo pelo qual se olha.

A sociedade moderna hipervaloriza a juventude, muito por conta da capacidade de produção e consumo desse grupo. Sociedades pré-capitalistas, em geral, tiveram no ancião a referência, figura dotada de experiência e saber. Quando se pensa na figura de um intelectual, sendo essa uma atividade anterior ao capital, indiretamente, os atributos desse sujeito remetem ao do indivíduo maduro. "Profissão para cabelos brancos", dizem. Só que existem jovens intelectuais maduros. Tenra idade, vigor e ousadia, mas com a maestria, sabedoria e elegância dos mais velhos. São poucos e raros. Rafael Domingos Oliveira pertence a essa estirpe.

Vozes afro-atlânticas é a versão editada de sua dissertação de mestrado. Faz aqui investida analítica ousada e insurgente, semelhante a que fez Celia Maria Marinho de Azevedo quando se propôs a estudar o movimento abolicionista estadunidense. Com esses estudos, fica a lição de que não somos apenas o outro ou a cobaia sociológica dos intelectuais do Norte.

O intento de Rafael — que, diga-se de passagem, se efetiva com classe —, ao estudar as autobiografias de escravizados nos Estados Unidos, cumpre dupla função: estudar a gênese da contradição fundante da modernidade capitalista no interior daquela que se tornará a principal potência econômica mundial em meados do século xx e, como derivação, nos permitir acesso a um debate de forma e conteúdo relacionado a um dos mais importantes instrumentos de reorganização e insurgência da diáspora negra: a escrita em primeira pessoa.

As autobiografias de escravizados, que foram escassas na América Latina, somaram-se em algumas dezenas no hemisfério norte. Talvez isso explique, no longo prazo, a emergência de uma literatura negra que se lastreou até a conquista do prêmio Nobel de Literatura pela escritora Toni Morrison. Aliás, a forma autobiografia veio a dar conteúdo para o primeiro livro de literatura negra estadunidense com James Weldon Johnson, bem como foi plataforma de sínteses biográficas para figuras ilustres, como Malcolm X e Angela Davis.

Salta à vista o cotejo cirúrgico e eficiente que o autor faz da bibliografia de base e das fontes, sua matéria-prima. Recorrer ao último Foucault para pensar "A escrita de si", quando o autor francês reabilita o sujeito moderno que "morreu" em *As palavras e as coisas*, não se dá sem crítica. A importância desse debate da escrita em primeira pessoa do "velho" Foucault para os estudos da escravidão, em especial as pesquisas sobre as autobiografias, desdobrou-se em uma espécie de glorificação do signo em detrimento do sujeito que o produziu, segundo Rafael. Ainda assim, esse debate nos permite refletir como negros são sujeitos e em quais condições na modernidade.

Em suma, a ousadia do intento se une à maturidade da execução. Em seu primeiro livro, Rafael Domingos Oliveira se consagra como um dos grandes nomes da historiografia desde o Sul para o mundo. Com o passado de lutas empreendidas por homens e mulheres escravizados tão bem complexificado por Rafael, temos mais elementos para interpelar o presente, com um horizonte de possibilidades mais digno e emancipado.

MARCIO FARIAS
Psicólogo pela Universidade Presbiteriana Mackenzie, mestre e doutor em psicologia social pela Pontifícia Universidade Católica de São Paulo (PUC-SP) e professor convidado do Centro de Estudos Latino Americanos sobre Cultura e Comunicação (CELACC) da Escola de Comunicações e Artes (ECA) da Universidade de São Paulo (USP). É membro do colegiado do Instituto Amma Psique e Negritude e autor de *Clóvis Moura e o Brasil: um ensaio crítico* (Dandara, 2019)

Prefácio

Um prefácio não é espaço para fazer longas digressões sobre pessoas — no caso, a pessoa que escreveu este livro. Mas não posso deixar de dizer uma ou duas palavras sobre Rafael Domingos Oliveira, historiador de quem o leitor assíduo de textos de história decerto ainda vai ouvir falar muitas vezes. Parece-me óbvio que competência, discernimento e capacidade de interagir se encontram em boas doses no autor desta obra. Mas o que é óbvio para mim, que o conheço, não é sabido pelos leitores. Então, vou tentar me explicar melhor.

Afirmei que diria uma ou duas palavras sobre Rafael e já usei uma porção a mais, justo eu que tenho fama de ser econômico nos elogios. Então, é o momento de dizer algo sobre minha relação com ele. Orientei a dissertação de mestrado que deu origem a este livro e, alguns anos antes, pude conviver e aprender com Rafael, enquanto ele se destacava no ambiente formativo que é o curso de graduação em história da Universidade Federal de São Paulo (Unifesp). Rafael e outros historiadores de sua geração têm diante de si um desafio grande a cumprir, que é o de explicar o Brasil aos brasileiros em um quadro de incertezas pós-estabilidade. Nunca antes na história deste país havíamos experimentado mais de uma década de busca pela diminuição das desigualdades sociais, tempo que, para a geração que chega agora à idade adulta, pode ter criado a impressão de que as coisas, dali por diante, seguiriam progressivamente. A surpresa foi grande para os que acreditaram nisso e mesmo para os mais incrédulos. Assim, voltar a se interessar pelo passado é uma operação fundamental para explicar o que houve e como podemos desatar esse nó que nos sufoca.

O livro que o leitor tem em mãos habilita Rafael como intérprete. Não do Brasil, que esses já não se forjam mais. As interpretações, nos moldes da prática historiográfica, vinculam-se hoje muito mais às redes, aos grupos e ao diálogo no momento mesmo da sua produção, e não apenas ao talento individual. Para além da pesquisa acadêmica, trabalhar em ambientes diversificados, lidar com o ensino e com um público interessado em história abre a mente e azeita o raciocínio. A nós, historiadores, não basta o domínio do método: temos que nos fazer compreender de forma cada vez mais clara diante de públicos cada vez mais amplos, sob pena de perdermos a guerra de narrativas. Perda que, se vier a acontecer, não será pessoal ou de uma categoria profissional, mas da sociedade como um todo.

Ler este livro em plena guerra de narrativas é um ganho. A escravidão é um tema fundante da história ocidental, algo que ninguém nega ao menos desde que David Brion Davis o afirmou com todas as letras em *O problema da escravidão na cultura ocidental*, de 1966. Peço desculpas: há, sim, quem negue a importância do tema e, pior, quem negue até mesmo a própria existência da escravização de africanos no Novo Mundo. Para os que acreditam que o assunto ainda não está nem nunca estará esgotado, o livro de Rafael traz novidades; para quem crê que as fake news são as novas pílulas do conhecimento, o livro é ainda mais útil e necessário. Desesperadamente necessário.

Destemido, Rafael selecionou memórias e escritos autobiográficos de africanos escravizados na América publicados em fins do século XVIII e ao longo do século XIX. Essas *slaves' narratives* [narrativas de escravizados] raras vezes foram visitadas pelos historiadores, sendo objetos muito mais frequentes da crítica literária anglófona. Temos, aqui, o primeiro desafio: como lidar com uma fonte sobre a qual paira a desconfiança da ficção, da ausência de compromisso com a verdade absoluta? À medida que os historiadores se limitarem à crítica ao positivismo, mas mantiverem a ilusão do acesso à verdade absoluta, estarão em sua zona de conforto. Rafael preferiu encarar o desconforto e tirar sua matéria-prima dessas escritas sobre si. A apropriação do inglês, língua na qual todos esses textos foram escritos originalmente, foi mais um desafio. E outros se seguiram: superar os problemas de acesso, enfrentar os que consideram que o estudo da agência dos homens comuns é pouco para compreender o mundo, conectar o objeto a um projeto de formação de novos sujeitos sociais capazes de atuar em seu mundo amparados pela certeza de que a experiência é uma tradição que se constrói, se herda e se reelabora.

Maduro, Rafael se debruçou sobre as autobiografias de escravizados e trouxe combustível para um assunto tão esmiuçado como a escravidão. A perspectiva radical dos próprios sujeitos que experimentaram o domínio senhorial é enfrentada aqui de modos variados. Terem sido escravizados não define toda a existência desses sujeitos, e essa é a primeira surpresa para quem se inicia no estudo da escravidão: homens, mulheres e crianças africanos tinham uma vida organizada antes da captura. Essa vida continha tudo aquilo que reconhecemos na humanidade, mas que a teologia discriminatória e o racismo biológico negaram: relações sociais complexas, sofisticadas cosmologias, poderes políticos estabelecidos e em disputa, famílias e parentescos, línguas, práticas alimentares. Compreender os sentidos do desmoronamento de tudo isso na vida de milhões de pessoas é essencial para entender o significado da escravidão para além de um sistema de exploração da mão de obra com fins de produção econômica.

Claro que a escravidão explorava compulsoriamente a força de trabalho, mas criar novas nomenclaturas com base na ampliação da produtividade e na vitória inexorável do capitalismo soa cruel para com os que vivenciaram esse processo, se eles forem definidos apenas como números e como seres subjugados. Falharemos como intérpretes do passado se não formos capazes de ouvir as vozes dos que foram silenciados e mesmo assim sobreviveram e deixaram rastros de sua existência em suportes variados, como esses textos estruturados nos cânones da literatura ocidental.

A vida dos africanos não se limitou à escravização e à destruição de suas formas anteriores de organização social. Ultrapassada a experiência marcante da travessia do Atlântico, milhões de vidas foram reinventadas mesmo sob condições terrivelmente adversas. Novas devoções, formações familiares, línguas, novos alimentos: tudo estava por ser feito nas diferentes formas de resistência mobilizadas para a sobrevivência. E sobreviver era a maior resistência, sem mencionar que o aprendizado da narrativa da própria história em moldes compreensíveis aos interlocutores que se pretendia alcançar era uma prova inegável de vitalidade. Seria tolo avaliar que as *slaves' narratives* cumpriam apenas o papel de propaganda política útil aos interesses dos movimentos abolicionistas nos Estados Unidos e na Inglaterra oitocentistas. Ademais, os escravizados e libertos engajados nesses movimentos tinham interesses convergentes, o que significa que a definição de quem usava quem precisa ser feita com vagar e sensibilidade.

Ao narrar suas memórias, gente como Harriet Jacobs, Mahommah Baquaqua, Ottobah Cugoano e Olaudah Equiano deixou pistas para afirmarmos que não há formas ingênuas de reconstruir o passado. Narrativa e militância fazem parte dos jogos da memória, e ao historiador bem disposto não resta opção exceto enfrentar esses jogos com as ferramentas do método.

Rafael se saiu bem por várias razões. Ele domina o método e está consciente das sutilezas, das diferenças e dos eventuais antagonismos entre memória e história. Conhece a historiografia sobre a escravidão no Brasil e nos Estados Unidos, bem como as perspectivas renovadas trazidas pela concepção do Atlântico como espaço histórico. Enfrentou uma temporalidade alongada e repleta de especificidades e soube escolher os temas que nortearam os capítulos de seu livro. Ele não se deixou intimidar pela fonte inusitada no ambiente dos historiadores profissionais no Brasil e encarou assuntos sobre os quais autores abalizados pareciam já haver dito tudo, como é o caso dos significados da liberdade para quem os construiu. Enfrentar esses desafios são a prova de maturidade intelectual que Rafael nos dá. Se essa prova serve para habilitá-lo no ofício, o livro também traz ao leitor uma escrita fina, bem construída e prazerosa. Os maus escritores que me perdoem, mas escrever bem é tarefa da qual o historiador não deve descuidar.

Leitor, adentre sem medo, que o livro é bonito demais!

JAIME RODRIGUES

Professor do Departamento de História e do Programa de Pós--Graduação em História da Universidade Federal de São Paulo (Unifesp). É autor de *O infame comércio: propostas e experiências no final do tráfico de africanos para o Brasil (1800-1850)* (Editora da Unicamp, 2000) e *De costa a costa: escravos, marinheiros e intermediários do tráfico negreiro de Angola ao Rio de Janeiro (1780-1860)* (Companhia das Letras, 2005)

O que as pessoas contam tem uma história
que suas palavras e ações traem, mas que suas
narrativas não revelam imediatamente; uma
história que explica por que usam as palavras
que usam, dizem o que dizem e agem como
agem; uma história que explica os significados
específicos por trás da universalidade
ilusória sugerida pelas palavras [...]. Suas
afirmações não são simplesmente declarações
sobre a "realidade", mas comentários sobre
experiências do momento, lembranças de um
passado legado por precursores e antecipações
de um futuro que desejam criar.
— Emília Viotti da Costa (1998, p. 15)

Introdução

Este é um livro de história. E a história é um campo do conhecimento cujo moto-contínuo é a elaboração de perguntas, mobilizadas por contextos sociais e políticos do presente. Um historiador ou uma historiadora é, antes de tudo, uma pessoa que formula questões. Podemos mesmo dizer que o que motiva e constitui a escrita da história são os *problemas* — essas aparentes perturbações da ordem que nos impõem dúvidas. Desde que Marc Bloch e Lucien Febvre se levantaram, na França de 1929, contra a chamada história factual — isto é, aquela narrativa que apresenta uma sequência linear, e muitas vezes oficialesca, de eventos —, aprendemos a fazer a chamada história-problema. Um bom imbróglio, em história, constrói-se com boas perguntas, e boas perguntas são, geralmente, perguntas simples.

Partindo do título deste livro, comecemos, portanto, com algumas dessas perguntas. O que define uma autobiografia? O que a diferencia de uma carta ou de um diário? Você certamente já entrou em contato com esse tipo de produção textual. Pense por alguns instantes naquilo que vem à mente quando lê ou ouve esta palavra, *autobiografia*. Você já leu ou conhece alguma autobiografia? Quem a escreveu? Autobiografias sempre existiram? Se não, em quais contextos uma autobiografia pode surgir? Agora pense na palavra *escravidão*. O que você conhece a respeito desse tema? Quais os tipos de experiências possíveis em uma sociedade escravista? Quais relações sociais são produzidas em um mundo fundado na escravização de seres humanos?

Mais perguntas: o que é *memória*? Como você a definiria? Qual a relação entre a memória de uma pessoa e aquela compartilhada por uma comunidade, um povo, uma sociedade? Você confia em sua memória? Ou melhor: a memória é "confiável"? E o que significa ser "confiável"?

Bem, aqui já temos muitas questões das quais partir. E pode ser um começo interessante. Mesmo sendo as palavras formas de nomear e atribuir significados ao mundo, informando coisas estimulantes a respeito de determinadas realidades, elas não produzem o mundo sozinhas — isso é importante saber. Essas questões iniciais, essas ideias brevemente anunciadas e, o mais importante aqui, o encontro entre elas constituem o cerne deste livro.

Quando lançamos uma breve mirada ao repertório de autobiografias conhecidas, disponíveis em livrarias e bibliotecas, ou mesmo àquelas que se tornam best-sellers, notamos que geralmente foram escritas por pessoas "ilustres", bem conhecidas, sujeitos que se destacam em suas áreas de atuação. Desde que o gênero autobiográfico passou a ganhar espaço cada vez maior entre as sociedades letradas do mundo ocidental — o que aconteceu, sobretudo, a partir do século XVIII —, ele foi utilizado largamente por políticos, figuras públicas e os chamados "heróis", isto é, indivíduos a quem se atribui uma importância imprescindível no desenvolvimento de certos eventos históricos. Essas publicações constituem, assim, uma determinada memória sobre esses eventos; são representações localizadas numa classe. Não é por outra razão que, ao longo do século XIX, reis, imperadores, juristas, homens públicos, todos esses *notáveis*, produziram centenas e centenas de escritos sobre si próprios.

Por isso mesmo, durante muito tempo parecia improvável que *autobiografia* e *escravidão* fossem palavras que compartilhassem espaço em uma mesma frase. Isso porque aprendemos nas instituições escolares, ou mesmo por meio do imaginário social, que as populações negras escravizadas, em função da própria condição desumana e exploratória a que estiveram submetidas, não puderam jamais escrever e inscrever suas perspectivas sobre a experiência da escravização. Você certamente já se deparou com ideias que associam o sujeito escravizado à força manual em detrimento de capacidades intelectuais. Os exemplos disso estão difundidos em nossa cultura visual, cinematográfica, literária, escolar e nos mais variados âmbitos da vida social. Podemos mesmo afirmar que noções como essa ainda são operantes na atualização cotidiana do racismo. Ora, se homens e mulheres negros escravizados constituíam uma simples massa de desumanizados — como essas ideias insistem em apregoar —, como puderam escrever? E mais, como puderam escrever autobiografias?

No entanto, os estudos históricos, sociológicos e antropológicos dedicados à compreensão do papel da escravidão moderna — ou, em outros termos, a sistemática escravização de africanos e seus descendentes que se inicia massivamente no século XVI e se estende oficialmente até fins do século XIX — têm evidenciado que as coisas não se deram necessariamente dessa forma. Essa produção, extensa em termos metodológicos, temáticos e temporais, foi responsável pela fundação de uma das maiores historiografias produzidas no mundo contemporâneo, dentro da qual a produção brasileira desfruta de grande destaque. Neste livro, você conhecerá parte dos contornos gerais desses estudos e o desenvolvimento dos debates centrais a respeito do tema.

Aqui, você também será apresentado a um conjunto documental bastante vasto do gênero autobiográfico, documentos escritos ou narrados por pessoas negras escravizadas em fins do século XVIII e ao longo do século XIX, sobretudo nos territórios banhados pelo Atlântico Norte. Com isso, espero que o recorrente estranhamento inicial em torno do entrecruzamento de palavras como *escravidão* e *autobiografia* possa ser redefinido, de modo que compreendamos de forma menos estereotipada e menos estigmatizada o longo processo histórico de formação do mundo moderno cuja base de fundação e desenvolvimento foi a escravidão.

Este livro é resultado da pesquisa de mestrado que desenvolvi no Departamento de História da Universidade Federal de São Paulo (Unifesp) entre 2013 e 2016, sob orientação do professor Jaime Rodrigues e com financiamento da Fundação de Amparo à Pesquisa do Estado de São Paulo (Fapesp). Da dissertação de mestrado à versão atual, o texto passou por alterações importantes. Esta breve introdução foi escrita especialmente para o livro e tem como objetivo apresentar ao leitor não especializado em história as perguntas que motivaram o estudo. O texto também passou por alterações nesse sentido, mas com a preocupação de manter o rigor analítico que orientou a pesquisa. Com isso, pretendi apresentar um conjunto de reflexões que fosse do interesse de historiadoras e historiadores brasileiros, aproximando-os de um conjunto documental pouco trabalhado em nossa historiografia, mas também contribuir para a construção social de uma consciência histórica a respeito do papel da escravidão na formação do mundo contemporâneo.

No capítulo 1, apresento as autobiografias de escravizados e libertos, bem como sua relação com a produção do conhecimento a respeito da história da escravidão no mundo atlântico. Situo melhor alguns conceitos, categorias e noções que não podem fugir do horizonte de um livro sobre escravidão. Nesse capítulo, apresento também exemplos brasileiros que evidenciam a relação de escravizados e libertos com a leitura e a escrita. Como será visto adiante, autobiografias de escravizados não foram publicadas no Brasil, mas isso não significa que por aqui não tenham existido outras modalidades de escritas de si.

No capítulo 2, conheceremos as formas pelas quais essas autobiografias foram socialmente produzidas. Com isso, a atenção recai no conteúdo dos textos, mas não com o intuito de meramente explicar a narrativa: procuro evidenciar também seus contextos de produção, que elucidam suas especificidades frente a outros documentos produzidos nos períodos estudados. Desse modo, não encarei as autobiografias como objetos a serem decupados e compreendidos numa leitura interna. A perspectiva adotada é a do texto como *prática*, como ação concreta no mundo real. Nesse capítulo, demonstro que a publicação das narrativas de escravizados (*slaves' narratives*), como esses textos são conhecidos, seguiu certos programas políticos, bem como contextos conjunturais que nos ajudam a compreender por que se tornaram obras de ampla divulgação e circulação.

O capítulo 3, voltado para o conteúdo das autobiografias, divide-se em duas partes. Na primeira, as visões sobre a África e as descrições dos costumes e da vida social, política e cultural das diferentes regiões do continente são compreendidas a partir das autobiografias escritas por africanos submetidos à escravidão. Debruçar-se em como as concepções sobre as diferentes Áfricas foram mobilizadas é também uma forma de entender como a memória é utilizada como instrumento de luta política, já que, não raro, estão implícitos os desejos de retorno ao lar ou, de modo mais explícito, a magnitude do horror que foi o cativeiro.

Na segunda parte, vemos as descrições da travessia e, assim, os significados mais próximos da experiência do tráfico e do comércio negreiro. Tais descrições evidenciam que a Passagem do Meio[1] (em inglês, *Middle Passage*), isto é, a travessia do Atlântico, carregava um sentido muito trágico para a vida desses sujeitos, constituindo-se mesmo como um verdadeiro inferno. Entretanto, era também um espaço de construção de estratégias de resistência que atravessaram o oceano e se reelaboraram nas Américas. Como um exercício de história atlântica, essa seção demonstra que a vida no mar possibilitava a esses sujeitos atuar diante de um processo em que se encontravam pessoas de diferentes regiões das periferias do Atlântico.

Por fim, o capítulo 4 se desenvolve a partir de temas relacionados à liberdade: os discursos e as ideologias abolicionistas, os significados políticos da narrativa da nação e o papel da fé e da teologia cristã para os autores autobiografados. Com frequência, os autores das narrativas de escravizados criticavam as concepções tradicionais da religiosidade cristã, tais como a igualdade e os valores "universais", assim como o texto da Constituição dos Estados Unidos, principal território destacado no livro, como forma de apontar as contradições entre esses dois aspectos da vida estadunidense com a manutenção da escravidão. Os "textos sagrados" — em termos religiosos, a Bíblia, e, em termos políticos, a Constituição — foram reivindicados e, de certa forma, subvertidos. Assim, pode-se compreender o papel que as relações raciais e de classe assumiram para a construção da narrativa da nação estadunidense.

O capítulo procura, ainda, ampliar as considerações sobre a vida pública dos autores das autobiografias. Grande parte deles atuou, com força de denúncia, no movimento

---

[1] Essa expressão é largamente utilizada por historiadores para se referir à travessia do Atlântico empreendida por navios negreiros.

abolicionista, realizou congressos e palestras nos Estados Unidos e na Europa e esteve envolvida nos mais calorosos debates parlamentares da época. Abranger suas trajetórias políticas e públicas é uma forma de compreender também as intrincadas relações entre brancos e negros abolicionistas, bem como a atuação desses últimos para pôr fim à escravidão e para consolidar a liberdade conquistada.

Na vivência de uma sociedade escravista, a liberdade não foi uma experiência monolítica: seus significados variavam de acordo com as fronteiras, com as condições jurídicas e com os elementos raciais que configuraram as sociedades que se formavam. Assim, nas memórias de escravizados, estiveram presentes diferentes significados para liberdade, quase sempre relacionados às formas pelas quais a fé e a nação foram concebidas.

Ao fim do livro, você encontrará dois cadernos: o repertório biográfico, com as trajetórias de alguns escravizados e libertos cujas autobiografias foram publicadas, e o repertório iconográfico, com imagens selecionadas das autobiografias. Esses cadernos podem ser consultados ao longo da leitura, a fim de aprofundar a compreensão da análise apresentada.

Com este trabalho, meu intuito foi demonstrar que, ao longo do tempo em que foram produzidas e publicadas, as autobiografias de escravizados e libertos se tornaram uma espécie de matriz referencial à qual recorria o discurso abolicionista para fundamentar suas ações políticas. No movimento contrário, mas complementar, as ideologias abolicionistas acabavam por legitimar essas publicações, atribuindo-lhes a chancela da autenticidade e enfatizando seu caráter legitimamente histórico. Essa estratégia, adotada pelos autores e pelos abolicionistas com quem mantinham relações, representou uma resposta, dentre tantas outras, às transformações econômicas pelas quais a escravidão passava, às tensões políticas que eram o centro dos debates e ao desfecho formal do já centenário processo de desumanização que baseou séculos de escravização e trabalho forçado.

A realização da pesquisa e a escrita deste livro promoveram experiências pessoais e de ofício absolutamente árduas. Possuía em mãos um conjunto de 21 autobiografias que me ofereciam um manancial de possibilidades e infinitas perguntas. Diante desse conjunto, selecionei aquelas que, em meu juízo, melhor contribuiriam para o leitor brasileiro. Mas, em meio a tantas escolhas, vi-me imerso em realidades e trajetórias marcadas pela dor, pelo sofrimento e pelo horror da escravidão. Nesse sentido, foi difícil escrever este livro, e pode ser que sua leitura também o seja. Acontece que essas histórias são, ao mesmo tempo, um dos maiores testemunhos de dignidade humana que podemos conhecer. Porque elas são constituídas por uma capacidade inquestionável de resistência e resiliência, forjando uma história de luta incessante, compartilhada por milhões de pessoas ao longo do tempo.

Quando me permiti ouvir as vozes afro-atlânticas, elas me ensinaram que, na história, a maior parte dos processos são ambíguos, alguns deles são ambivalentes, e todos são contraditórios. Este livro é uma tentativa de amplificar essas vozes e difundi-las, sobretudo no Brasil de hoje, que, assim como outras nações contemporâneas, insiste em negar e silenciar seu passado.

1

Doze milhões de histórias e a História

Em obra de grande relevância para a historiografia da escravidão, a historiadora estadunidense Rebecca J. Scott e o historiador francês Jean M. Hébrard demonstram como a *liberdade*, palavra com significados difusos num mundo estruturado pela lógica do trabalho escravista, foi um projeto de vida que milhares de homens e mulheres escravizados acalentaram, reelaborando-o na vida cotidiana. A história de *Provas de liberdade* (Scott & Hébrard, 2014), cuja protagonista é Rosalie — como foi nomeada por aqueles que a escravizaram —, começa por volta de 1785, na Senegâmbia, de onde Rosalie é levada, atravessando o Atlântico no porão de um navio negreiro até Saint-Domingue, hoje Haiti.

A luta pela liberdade empreendida por Rosalie se constituiu em uma circunstância histórica atravessada pela Revolução Haitiana (1791-1804), pela Revolução Francesa de 1848 e pela Guerra Civil nos Estados Unidos (1861-1865), transformando-a em uma *mulher atlântica*, como os estudos posteriores nos informariam. Os descendentes de Rosalie, mesmo nascidos em contextos de liberdade, tiveram de lançar mão das mais variadas estratégias para assegurar condições dignas de existência, demonstrando como permanências e mudanças são aspectos centrais do processo histórico. Desse modo, o livro acompanha cinco gerações da família da mulher africana, que lidaram em maior ou menor grau com o passado escravista a que sua ancestral esteve submetida.

O estudo se mostrou um desafio para os historiadores; para nós, leitores, o resultado é uma aula sobre o uso de documentos históricos para a compreensão da escravidão e do pós-abolição no mundo moderno. Dezenas de arquivos, em pelo menos três países diferentes; centenas de fotografias e gravuras; mapas; certidões de nascimento, casamento e óbito. Milhares de vestígios das mais variadas tipologias. Com esse *corpus* documental, os autores se esforçaram para extrair aquilo que considero o resultado mais enriquecedor da obra: o modo como a vida pessoal e as subjetividades foram reelaboradas perante a estruturação e a desagregação da escravidão.

Quando Orlando Patterson, sociólogo de Harvard, publicou seu vultoso estudo comparativo *Escravidão e morte social*, publicado originalmente em 1982, a história de Rosalie ainda não era conhecida, mas outras tantas já haviam sido rastreadas e analisadas. A despeito da relevância da obra de Patterson, parece que, em seu intuito de traçar uma forma mais geral de compreensão da relação senhor/escravo nas 66 sociedades que analisou, algo das particularidades espaciais e temporais lhe escapou. O que as histórias de Rosalie e de tantas outras personagens atlânticas revelam é que, ao contrário do que Patterson parece acreditar, os sujeitos escravizados não foram *socialmente mortos*: eles agiam, negociavam, rebelavam-se e sabiam a hora de falar mais baixo ou mais alto para assegurar sua existência em condições melhores do que aquelas que lhe eram impostas.[2]

---

[2] A tese de que a escravidão, porque pautada na extrema violência, produzia sujeitos socialmente "mortos" ou sem agência é defendida em Patterson (2008).

No estudo de Scott e Hébrard, a variedade dos documentos chama a atenção, pois revela o esforço dos historiadores para encontrar aquilo que chamamos de "voz dos que foram silenciados". Trocando as palavras, trata-se de procurar, com cuidado, narrativas antes silenciadas e nem sempre à vista. O que os escravizados pensaram, suas visões de mundo, pode ser revelado por aquilo que fizeram, pelo modo como agiram. Para isso, o historiador deve escovar a história a contrapelo, questionar o óbvio e duvidar da certeza. Não há nada de novo nessa assertiva. Em verdade, ela é já do conhecimento de historiadores e cientistas sociais no Brasil desde pelo menos os anos 1960 — como Emília Viotti da Costa, entre outros —, ou mesmo antes, em outras culturas historiográficas. Nesse sentido, o trabalho de Scott e Hébrard, embora demonstre enorme qualidade, ao escavar o que já se acreditava profundo, deve ser situado na esteira dos estudos sobre a agência daqueles que viram e experienciaram a história a partir de baixo, uma longa tradição com muito sucesso nos centros de pesquisa mundiais.

Este livro também procurou seguir esse caminho. Motivado por problemas e anseios semelhantes, tive contato com um conjunto de autobiografias escritas por escravizados e egressos da escravidão em fins do século XVIII e ao longo do século XIX. Documentos que eu desconhecia, tendo em vista que até então partilhava da arraigada noção de ausência de textos em primeira pessoa escritos por escravizados. A ideia é bastante conhecida: em razão das próprias condições, escravizados não teriam produzido documentos escritos e não teriam sido alfabetizados — ou o foram com pouca recorrência. No Brasil, ocorreu ainda o incêndio de um arquivo com documentos relativos à escravidão — o crime está na conta de Rui Barbosa.[3] O que restou estaria no

---

3 Sobre o assunto, ver Slenes (1985).

âmbito da "cultura", do não escrito, da dança, dos gestos, das religiões, do imaterial. E esses são temas bastante analisados pela historiografia. Mas a realidade, como parecem atestar as narrativas de escravizados, é um pouco mais complexa. Ou como poderíamos explicar a publicação de mais de duas centenas de autobiografias de mulheres e homens negros escravizados?

Partindo desse problema, o intento deste livro foi a aproximação às obras autobiográficas de escravizados e às memórias da escravidão publicadas entre 1770 e 1890 no hemisfério norte, principalmente nos Estados Unidos e na Inglaterra. Alguns caminhos se apresentaram. Havia a possibilidade de selecionar uma ou algumas poucas autobiografias e analisá-las detidamente, com o intuito de traçar panoramas individuais. Alternativamente, seria possível selecionar um conjunto pequeno de textos escritos num período curto, com recortes de gênero, geração ou região, e acompanhar conjunturas específicas. Entretanto, dada a quase inexistência na historiografia brasileira de estudos sobre esses documentos, optei por um caminho ousado, mas que poderia render um trabalho de aproximação a esse *corpus* documental: uma seleção vasta e diversa (em termos de produção e publicação) e um recorte temporal amplo.

Essa opção nos permitiria ver a produção das autobiografias em um panorama que revelasse suas transformações em uma temporalidade alongada, assim como as questões centrais que constituíram a sua produção. O ônus dessa escolha recai sobre os limites dos próprios documentos, escritos em língua inglesa, em contextos diferentes e ligados a processos históricos diversos, cujos motes e tensões constitutivos do conteúdo e da forma residem na escravidão, na abolição e no período pós-emancipação: uma miríade quase infinita de possibilidades, portanto.

As memórias e autobiografias em questão foram escritas e publicadas por sujeitos que vivenciaram a escravidão nos Estados Unidos e/ou circularam pelo Atlântico Norte — entre Caribe, Grã-Bretanha e Estados Unidos. Tendo vivido momentos cruciais da vida nos diferentes estados sulistas, onde a instituição era considerada *peculiar* (Stampp, 1956), essas mulheres e homens possuíram trajetórias compartilhadas, mas também particularidades. Suas terras de origem, o tempo de cativeiro, as formas pelas quais se tornaram livres ou não e os objetivos pelos quais escreveram suas memórias diferem, o que evidencia a amplitude que a escravidão alcançou nas sociedades do período. Assim, procurei também conhecer a história dos Estados Unidos para compreender a realidade material mais imediata dos autores. Situo, no entanto, essas publicações como produções afro-atlânticas, uma vez que não só circularam além dos limites geográficos estadunidenses, como expressaram, de algum modo, saídas diferentes para processos comuns a toda a América.

Os estudiosos das autobiografias de escravizados e libertos identificam três períodos de publicação, estabelecidos a partir dos temas e da forma narrativa dos textos. Assim, entre 1770 e 1820, a redenção religiosa teria se estabelecido como o tema mais recorrente, por meio do qual são descritas as experiências de conversão às religiões cristãs e a salvação da alma de seus autores. Em sua maioria, os autores são oriundos de diversas regiões do continente africano, e a travessia do Atlântico, na condição de escravizados, muitas vezes é utilizada como metáfora para a travessia espiritual.

Um segundo período, de 1820 até meados da década de 1860, é tido como o ápice do fluxo de publicações. Ao longo desses quase quarenta anos, foi publicada a maior parte das autobiografias conhecidas, cerca de oitenta. Nessa época, a vinculação ao abolicionismo é mais evidente, e os temas mais recorrentes são as condições da vida em cativeiro — as separações de entes familiares, o dia a dia de trabalho, a violência — e as constantes fugas. Identificamos o tema da fuga em todas as autobiografias lidas. Geralmente, apresenta-se no início uma tentativa frustrada de fuga, que culmina em uma cena de violência e castigo descrita em detalhes, seguindo-se de uma segunda tentativa, sempre bem-sucedida, resultando na liberdade.

Como veremos, não era incomum que, ao conseguir a liberdade — o que ocorria com a mudança de um estado escravista para um estado livre —, os autores das autobiografias também trocassem de nome, o que expressava a nova condição alcançada e se somava a outras transformações, como alfabetização e constituição de família, para certificar e legitimar a liberdade. A relação com autores abolicionistas se torna mais explícita nas publicações do período, por meio de recorrentes prefácios e apresentações feitos por sujeitos brancos envolvidos com o abolicionismo, como veremos adiante.

O terceiro período é situado após a Guerra Civil (de 1865 em diante), quando há um esforço nacional para unificação do país, com o fim da escravidão e a reconstrução dos estados do antigo Sul escravista. É bastante conhecido o fato de que justamente nessa época da história estadunidense tenha chegado ao extremo a violência racial que assolou a população negra sulista e culminou no surgimento de grupos de terror racial de matiz supremacista branca, como a Ku Klux Klan, e tenha tido lugar a grande onda migratória para o norte. As autobiografias publicadas após a Guerra Civil seguiram os padrões narrativos do período anterior, mas, além das experiências do cativeiro, os autores trataram com mais destaque o tema da liberdade e, sobretudo, do progresso pessoal rumo à inserção social, enfatizando as barreiras e os obstáculos que uma sociedade hierarquizada racialmente lhes impunha.

Essa periodização, trabalhada por especialistas, serviu como um vestígio para o conjunto de reflexões que este livro optou por explorar. Procurei não me limitar a ela; conquanto essa cronologia organize a leitura e o tratamento dos textos, considero que a forma de estabelecê-la seja pautada excessivamente em uma *leitura interna* das narrativas. Para nosso interesse, os contextos de produção são tão relevantes quanto os temas que organizam a escrita autobiográfica.

Ao longo da leitura dos documentos e da bibliografia sobre o tema, o abolicionismo apareceu como questão primordial. Ora porque incentivava a publicação das autobiografias, ora porque as utilizava como propaganda e material de divulgação. Dessa maneira, procurei seguir na medida do possível os indícios do próprio movimento abolicionista organizado, em sua relação direta com os textos. Todavia, a história das autobiografias de escravizados não se resume a sua relação com o abolicionismo; mais que isso, ela expressa as estratégias contingentes lançadas para escapar do cativeiro, para atribuir às trajetórias pessoais um significado histórico e para se fazer conhecer ao mundo além dos contornos da escravidão.

Neste livro, trato especificamente de 21 autobiografias, produzidas entre as décadas de 1770 e 1890, com o objetivo de compreender as memórias de escravizados e o que poderiam ter significado suas publicações ao longo de mais de cem anos. A maior parte dos textos foi escrita por pessoas que sobreviveram à captura em suas terras de origem, à travessia nos navios negreiros através do Atlântico e à escravização nas Américas durante uma parte considerável da vida. Há algumas exceções para a chamada América luso-hispânica, como o caso de Baquaqua, escravizado no Brasil, que publicou em

1854, quando se encontrava no Canadá, *An Interesting Narrative, biography of Mahommah G. Baquaqua, a Native of Zoogoo, in the Interior of Africa (a Convert to Christianity) with a Description of that Part of the World; Including the Manners and Customs of the Inhabitants, their Religious Notions, Form of Government, Laws, Appearance of the Country, Buildings, Agriculture, Manufactures, Shepherds and Herdsmen, Domestic Animals, Marriage Ceremonials, Funeral Services, Styles of Dress, Trade and Commerce, Modes of Warfare, System of Slavery, &c., &c. Mahommah's Early Life, his Education, his Capture and Slavery in Western Africa and Brazil, his Escape to the United States, from thence to Hayti (the City of Port au Prince), his Reception by the Baptist Missionary There, The Rev. W. L. Judd; his Conversion to Christianity, Baptism, and Return to this Country, his Views, Objects and Aim* [Uma narrativa interessante, biografia de Mahommah G. Baquaqua, natural de Zoogoo, no interior da África (um convertido ao cristianismo), com uma descrição daquela parte do mundo; incluindo as maneiras e os costumes dos habitantes, suas noções religiosas, forma de governo, leis, aparência do país, edifícios, agricultura, manufaturas, pastores, animais domésticos, cerimônias de casamento, serviços funerários, estilos de vestuário, comércio, modos de guerra, sistema de escravidão etc. Os primeiros anos de vida de Mahommah, sua educação, sua captura e escravidão na África Ocidental e no Brasil, sua fuga para os Estados Unidos, de lá para o Haiti (a cidade de Porto Príncipe), sua recepção pelo missionário batista lá, o rev. W. L. Judd; sua conversão ao cristianismo, batismo e retorno a este país, suas visões, objetos e objetivo]; e para Cuba, com *A autobiografia do poeta-escravo*, de Juan Francisco Manzano, concebida em 1835.

Em relação aos milhões de africanos sequestrados em seu continente entre os séculos XVI e XIX, as 204 narrativas de que se tem notícia são, de fato, um número muito pequeno.

Ainda assim, em termos qualitativos, trazem informações importantíssimas a respeito da experiência da escravidão, na perspectiva do escravizado. Para o historiador Jerome S. Handler (2002, p. 28), "as descrições foram narradas/registradas por uma variedade de razões, e algumas, aparentemente, não tinham a intenção de serem lidas ou vistas pelo grande público", embora não seja o caso da maior parte delas, escritas para serem divulgadas pela campanha abolicionista.

Por se tratar de relatos de experiência, essas narrativas assumem muitas vezes um tom informal, mas ainda assim trazem à tona aspectos relevantes do processo de escrita memorial, como as tensões linguísticas; as intenções da escrita; as conexões familiares possíveis de serem traçadas; a dimensão religiosa, principalmente quando trata do processo de conversão; as formas de captura e escravização; e a experiência do tráfico, com descrições da Passagem do Meio.

A primeira narrativa de que se tem notícia foi publicada em 1745, em Boston, com o título *Declaration and Confession of Jeffrey, a Negro, Who Was Executed at Worcester, Oct. 17, 1745, for the Murder of Mrs. Tabitha Sandford, at Mendon, the 12th of September Preceding* [Declaração e confissão de Jeffrey, um negro, que foi executado em Worcester, em 17 de outubro de 1745, pelo assassinato da sra. Tabitha Sandford, em Mendon, em 12 de setembro anterior]. Pouco se sabe sobre Jeffrey, seu autor, e o conteúdo do texto é desconhecido. Sabe-se que se tratou de uma declaração dada por ele a respeito de sua trajetória, na qual confessa o assassinato de Tabitha Sandford, esposa de seu proprietário. Embora as circunstâncias do assassinato estejam no livro de registro de homicídios cometidos entre 1741 e 1750 em Massachusetts, as razões que motivaram o crime ficam a cargo dos historiadores, e elas podem ser muitas. Seja lá o que tenha motivado Jeffrey, o assassinato de senhores e famílias senhoriais não era incomum em sociedades escravistas. O interessante é notar que a declaração de Jeffrey figura na lista de narrativas autobiográficas escritas ou narradas por escravizados. Podemos supor, portanto, que em sua declaração Jeffrey tenha considerado necessária a exposição de sua vida como elucidação do ocorrido e parte de sua defesa.

Já na década de 1760, outras quatro autobiografias foram publicadas, três delas em Boston, também relacionadas a crimes (Hammon, 1760; Fortune, 1762; Bristol, 1763; Arthur, 1768). Nelas, esboçavam-se um estilo narrativo e um conjunto de situações que estariam presentes por todo o século seguinte. Essas narrativas, portanto, inauguram o gênero que se tornaria recorrente em outras espacialidades. É importante lembrar que, àquela altura, Massachusetts ainda era uma das treze colônias britânicas na América e possuía uma das mais populosas cidades do território que posteriormente viria a fazer parte dos Estados Unidos, transformando-se em um importante polo industrial.

No entanto, nossa jornada começa em 1770, na Inglaterra, com a publicação da autobiografia de Ukawsaw Gronniosaw, conhecido como James Albert. Dali até o fim do século XIX, viria a público uma quantidade expressiva de autobiografias. Algumas seriam publicadas nos Estados Unidos, como é o caso de *Life of William Grimes, the runaway slave* [Vida de William Grimes, o escravo fugitivo] (Nova York, 1825) e *Narrativa da vida de Frederick Douglass* (Boston, 1845); outras, na Inglaterra, como *The history of Mary Prince, a West Indian slave* [A história de Mary Prince, uma escrava das Índias Ocidentais] (Londres, 1831) e *The experience of a slave in South Carolina* [A experiência de um escravo na Carolina do Sul], de John Andrew Jackson (Londres, 1862). Muitos ex-escravizados da América iam para o país tentar reconstruir a vida ou procurar asilo. Essa circulação de pessoas, saberes e práticas de escrita, para além do tráfico, é uma das principais características da relação desses textos com o movimento abolicionista.[4]

Existem ainda as narrativas de escravizados produzidas no início do século XX, no contexto do entreguerras e logo após a crise econômica de 1929. O governo federal estadunidense, naquela altura, organizou um grande projeto de entrevistas com ex-escravizados e descendentes de escravizados de diversos estados do país, principalmente do antigo sul escravista. São mais de duas mil entrevistas compiladas em diversos volumes, disponíveis no site do Congresso dos Estados Unidos.[5] Ainda que sejam de extrema importância, esses últimos documentos suscitam outras questões, ligadas sobretudo ao contexto de produção, à temporalidade e ao método de reunião. Por esses motivos, não entraram na seleção deste livro.

As autobiografias utilizadas neste trabalho estão disponíveis na base de dados Documenting the American South (Docsouth),[6] uma importante iniciativa da biblioteca da Universidade da Carolina do Norte, em Chapel Hill. No site desse projeto, é possível acessar fontes primárias transcritas concernentes às perspectivas dos estados sulistas a respeito da história e cultura estadunidenses. Os originais podem ser encontrados em diversas bibliotecas do Sul dos Estados Unidos, permanecendo as versões digitais disponíveis para consulta de forma centralizada na base de dados on-line. Compõem os arquivos, além das autobiografias, coleções importantes como a Southern Historical Collection, a North

---

[4] Algumas narrativas de escravizados eram editadas em dois ou mais tomos e posteriormente condensadas em volumes pequenos, de fácil distribuição e leitura (Handler, 2002).
[5] O projeto que deu origem às entrevistas e as próprias entrevistas estão disponíveis em: http://memory.loc.gov/ammem/snhtml/.
[6] Disponível em: http://docsouth.unc.edu/index.html.

Carolina Collection, a Rare Book Collection e a Davis Library, largamente utilizadas por historiadores estadunidenses.

Acompanhar a escrita e a publicação de autobiografias ao longo de mais de cem anos trouxe uma série de dificuldades. A primeira é lidar com as permanências e as transformações presentes nos documentos, que condicionam sua própria produção. Entre 1770 e 1890, os Estados Unidos — região privilegiada neste estudo — tornaram-se independentes, organizaram sua estrutura política, enfrentaram uma guerra civil, motivada, entre outras coisas, pela permanência da escravidão, e foram palco das tensões raciais presentes no esforço de Reconstrução do pós-guerra, que objetivava assegurar a liberdade dos ex-escravizados no pós-abolição. Assim, seria uma ilusão considerar as autobiografias como um conjunto homogêneo de documentos. Nelas, todos esses processos estão presentes não como dados objetivos da realidade que as determina, mas como projetos em disputa.

Partindo desse pressuposto, a seleção das autobiografias seguiu alguns critérios. O primeiro deles está ligado à diversidade temporal, compreendendo um período que se estende por fins do século XVIII e boa parte do XIX, durante o qual o tráfico atlântico de africanos passou a ser questionado nas colônias americanas e a luta abolicionista ganhou contornos políticos e sociais mais efetivos. A diversidade regional também foi considerada, sendo as origens dos autores as mais distintas, bem como os locais onde foram escravizados. A escolha dos autores foi baseada na leitura da historiografia sobre o tema, da qual foram extraídos aqueles que apareciam com maior recorrência. Por fim, a disponibilidade das versões digitais na referida base de dados foi fator determinante para a seleção.

Em algumas situações, quando tive oportunidade de apresentar resultados prévios deste trabalho, presenciei a surpresa de muitos pesquisadores e estudiosos da escravidão com a existência desses documentos. Dada a riqueza de descrições presentes nas narrativas de escravizados, o que explica sua quase completa ausência na historiografia especializada no Brasil e o desconhecimento de numerosos pesquisadores?

Desde o fim do século XIX, intelectuais das mais diversas áreas do conhecimento têm se dedicado à compreensão da instituição escravista e do processo de emancipação dos sujeitos escravizados, ora como uma forma de explicar o passado colonial, ora como um modo de atuação política. Assim, esse campo de estudo se constituiu não apenas como um objeto científico, mas, sobretudo, como um campo de batalha ideológica. Exatamente por isso alguns de seus principais nomes, como Eric Williams, W.E.B. Du Bois e, no caso brasileiro, Gilberto Freyre e Florestan Fernandes, estiveram ativamente ligados às lutas políticas e sociais que atravessaram o século XX.[7] A ausência das autobiografias nesses estudos, seja por desconhecimento, seja simplesmente devido a uma escolha teórico-metodológica, é um fator decisivo na forma como a tradição historiográfica concebeu certos temas.

A historiografia da escravidão é um dos campos que ligam a experiência histórica de todo o continente americano, por meio da longa duração. Já no século XIX, há uma série de escritos dedicados à compreensão histórica da escravidão. Em um primeiro momento, tais estudos objetivavam a própria luta pelo fim do sistema, como no caso de *O abolicionismo*, de Joaquim Nabuco (1883), que concebia um projeto de emancipação e produzia um discurso negativo em torno

---

7 São exemplos de obras que evidenciam esse aspecto: Williams (2012 [1944]), Du Bois (1903), Freyre (2010 [1933]) e Fernandes (1965).

das consequências da escravidão para a sociedade brasileira. Da mesma forma, os textos políticos de Frederick Douglass (1845; 1852), assim como de outros escravizados e libertos nos Estados Unidos, também podem ser lidos como os primeiros esboços de uma história da escravidão, no âmbito mais teórico que metodológico. Contudo, foi durante o século XX que o tema se consolidou nos estudos históricos e sociológicos. Assim sendo, os nomes de Gilberto Freyre (2010 [1933]) para o caso brasileiro e Frank Tannenbaum (1947) para o estadunidense são as bases do dissenso que atravessaria o século.

Em *Casa-grande & senzala*, de Freyre, e *Slave and citizen* [Escravo e cidadão], de Tannenbaum, esboçam-se as bases da ideia de brandura da escravidão brasileira em relação à estadunidense, vista como muito mais violenta. Os termos da comparação permanecerão presentes nas críticas posteriores, sendo ratificados ou questionados, demonstrando que desde muito cedo a escravidão brasileira e a estadunidense se constituem como temas de pesquisa inter-relacionados. A despeito dos problemas interpretativos, as obras de Freyre e Tannenbaum fundaram um importante arcabouço teórico sobre o tema da escravidão, tanto pela inovação que propuseram a sua época como em relação ao tema da mestiçagem, que passa a ser vista de forma positiva. Posteriormente, suas teses polêmicas — que alimentaram a ideia, então em voga, de democracia racial — seriam questionadas com voracidade, sobretudo, no caso brasileiro, por cientistas sociais ligados à assim chamada Escola Paulista de Sociologia, encabeçada principalmente por Florestan Fernandes.

A partir de 1950, nomes como Fernando Henrique Cardoso (1962), Jacob Gorender (1978), Octávio Ianni (1962), Emília Viotti da Costa (1966) e o próprio Florestan Fernandes (1965) estabeleceram diálogo com as obras de Kenneth M. Stampp (1956), Franklin Frazier (1957), Stanley M.

Elkins (1959), Robert W. Fogel e Stanley L. Engerman (Fogel & Engerman, 1974). Tanto no Brasil como nos Estados Unidos, esses estudos evidenciavam, entre outras coisas, o caráter violento do sistema escravista, relacionando-o a aspectos estruturais capitalistas, e se concentravam principalmente no processo de coisificação do escravo. De modo geral, alegavam existir duas formas possíveis de experiência dos escravizados: ou questionaram a escravidão através do embate direto, como nas revoltas, e por isso reivindicaram sua humanidade, ou aceitaram passivamente sua condição como mercadoria, confirmando-se como *coisa*.

Tanto o mito da democracia racial, reiterado por Freyre, quanto a teoria do escravo *coisificado*, alimentada pela Escola Paulista de Sociologia, foram criticados pela historiografia das décadas de 1970 e, sobretudo no Brasil, de 1980. Influenciados pelas obras de E. P. Thompson (1987) e Eugene Genovese (1974), pesquisadores se voltaram para a complexa relação entre senhores e escravizados, percebendo que, entre a passividade e a revolta, escravizados haviam protagonizado um cotidiano de negociações e conflitos, articulando dinâmicas sociais que lhes possibilitaram criar formas de melhor sobreviver na dura experiência escravista, sem abrir mão da luta pela liberdade, que continuava no horizonte de suas expectativas.

É nesse momento que surgem novos temas para a compreensão da escravidão, principalmente aqueles que destacam o ponto de vista do cativo. No Brasil, esses estudos se consolidaram a partir da década de 1980, em torno do ano do centenário da abolição. Silvia Lara (1988), Kátia Mattoso (1982), João José Reis (1986), Celia Maria Marinho de Azevedo (1987), Maria Helena Machado (1987), Sidney Chalhoub (1990) e Hebe Maria Mattos (1998) são alguns exemplos de historiadores que se debruçaram sobre a complexa trama cotidiana da escravidão a partir dessa perspectiva. Além da influência já citada de Genovese e da noção de *experiência*, cunhada por Thompson (1981), as obras de John Blassingame (1972), Herbert Gutman (1976), Harry P. Owens (1976), George P. Rawick (1972), Charles W. Joyner (1985) e Paul D. Escott (1979) constituem um corpo teórico, como interlocutores, de grande influência nesse período.

No caso de Escott, as narrativas de escravizados aparecem como fonte de destaque em seu estudo sobre a memória da escravidão, o que lhe possibilitou compreender o surgimento e o desenvolvimento das comunidades escravas, assim como as dinâmicas de organização familiar durante a escravidão estadunidense. As narrativas de escravizados, assim, não são uma completa novidade no estudo sobre a escravidão, embora tenham sido muito desconsideradas em comparação a outras fontes. Embora Escott seja um exemplo quase único de utilização de narrativas de escravizados como fonte histórica, desde a década de 1970 há estudos que lançam luz sobre esses textos, oferecendo abordagens úteis aos historiadores, como é o caso de Frances Smith Foster, estudiosa de escritos de mulheres, em *Witnessing Slavery* [Testemunhando a escravidão], de 1979. Nessa obra, Foster organiza as possíveis matrizes culturais das narrativas de escravizados em um artigo já clássico a respeito do assunto.[8] A exemplo de Foster, a grande maioria dos estudos se concentra na área da literatura. Laura Browder (2000), Charles J. Heglar (2001), Valerie Smith (1991) e Kari J. Winter (1992) são nomes que se tornaram referências nos estudos das narrativas de escravizados sob a perspectiva da crítica literária.

---

8 Ver o capítulo "Slaves Narratives and their Cultural Matrix" (Foster, 1979, p. 3-23).

Destacam-se as obras *Impossible Witnesses: Truth, Abolitionism and Slave Testimony* [Testemunhas impossíveis: verdade, abolicionismo e testemunhos de escravos], de Dwight A. McBride (2001), e *Soul by Soul: Life Inside the Antebellum Slave Market* [Alma por alma: a vida no mercado de escravos do período pré-Guerra de Secessão], de Walter Johnson (1999). Ambas se dedicam às narrativas de escravizados para compreender a dinâmica social da escravidão. No primeiro caso, McBride está ligado ao estudo da literatura inglesa, mas sua obra é indispensável para a análise histórica das narrativas. O autor insere as narrativas de escravizados numa ampla produção de discursos antiescravistas, os quais não se restringiam às narrativas de escravizados, mas que também estiveram presentes nelas. Segundo ele,

> uma compreensão preliminar das questões envolvidas nos debates sobre a escravidão fornece um ponto de partida por meio do qual se explicam os discursos que animam, bem como o contexto que tanto permite quanto limita o testemunho de narradores escravos. Tal entendimento revela ainda mais a complexa relação entre as narrativas de escravos e aqueles que acessam o seu testemunho. O "leitor" não só é construído *pela* testemunha. O leitor representa a batalha de discursos, por assim dizer, na qual a testemunha deve entrar para ser totalmente ouvida. Isso, como veremos, tem implicações de longo alcance para o testemunho de escravos. (McBride, 2001, p. 2, grifo do original)

A preocupação do autor da narrativa com o possível leitor resulta numa tensão inserida num contexto histórico específico, numa disputa de discursos que ora criticam, ora legitimam a escravidão. A produção do texto, portanto, está intimamente ligada ao contexto, sendo ineficaz compreender um sem compreender o outro.

Outros estudos apontam para aspectos diversos, acentuando a potencialidade dessa fonte. Nos casos de Jennifer Fleischner (1996), DoVeanna S. Fulton Minor e Reginald H. Pitts (Minor & Pitts, 2010), o gênero das autoras negras se torna o principal filtro de análise, na medida em que as condições sociais de gênero, de caráter binário e normativo, acabavam por moldar a forma como os próprios textos foram estruturados e/ou lidos. Não era incomum, como demonstra Kari J. Winter (1992), que essas autoras contestassem a opressão de forte viés patriarcal a que estavam sujeitas, invertendo, inclusive, a moral cristã que lhe oferecia justificativa. Moral cristã que é analisada de forma mais detida na obra coletiva *Cut Loose Your Stammering Tongue: Black Theology in the Slave Narrative* [Solte sua língua sem gaguejar: teologia negra nas narrativas de escravizados], organizada por Dwight N. Hopkins e George C. L. Cummings (2003). Nela, os autores se esforçam para compreender as dinâmicas e tensões religiosas passíveis de serem acessadas por meio das narrativas de escravizados.[9]

Os estudos sobre as narrativas de escravizados invariavelmente esbarram na discussão acerca do abolicionismo. Esse tema, por sua vez, ainda que relacionado à escravidão, constituiu-se com relativa autonomia no interior dos estudos históricos. E não é com surpresa que se constata a enorme e variada produção sobre a abolição da escravidão nas Américas.[10] Como demonstra Seymour Drescher (1995, p. 118), "os historiadores da abolição normalmente

---

9 Sobre este assunto, ver também Santos (2011).
10 Mais uma vez, fica evidente a importância dos estudos que se referem ao Brasil e aos Estados Unidos — nesse caso, no âmbito da história comparada. Ver Azevedo (2003, p. 15-35).

abordam discussões causais ao longo de uma série de categorias analíticas: demográfica, econômica, social, ideológica e política". A partir dessa consideração, Drescher demonstra o que foi já produzido, em termos historiográficos, a respeito do processo de emancipação das populações escravizadas. Os tópicos sobre os quais esses estudos se sustentam variam da dependência demográfica à viabilidade econômica, da abolição política à ideologia racial, com destaque para as discussões em torno do tráfico atlântico e do abolicionismo popular. Fica evidente no texto de Drescher que o estudo comparado da abolição nas Américas se concentrou, sobretudo, nos aspectos econômicos e demográficos; e, quando tratou da dimensão política, tomou como *política* somente as instituições formais, como o Estado, com pouca atenção às relações de poder dissolvidas na sociedade. Resta, portanto, compreender a ação dos próprios negros escravizados em sua relação com o abolicionismo, corroborando a luta pela liberdade.

No Brasil, as autobiografias de escravizados e libertos são relativamente conhecidas pelos especialistas no tema da escravidão. Entretanto, poucas delas aparecem citadas nos estudos clássicos. Para o grande público, são quase completamente desconhecidas. Muitas são as razões que podem explicar esse tratamento a um documento tão rico. Até o momento não se conhece nenhuma autobiografia escrita ou narrada por uma pessoa escravizada no Brasil. Há o caso de Baquaqua, já citado, mas, como veremos adiante, embora tenha passado um período em território brasileiro, ele escreveu e publicou sua autobiografia já na América do Norte. É importante lembrar que, quando nos referimos a autobiografias, estamos falando de uma forma narrativa, um gênero, que corresponde a um determinado modo de escrita e de conteúdo que se repete em mais de um texto.

Partindo dessa compreensão do gênero, não houve, de fato, nenhuma publicação desse tipo no Brasil.

Se autobiografias como essas não foram publicadas por aqui, não podemos afirmar, no entanto, que em nossa história não existam outras modalidades de narrativas escritas por escravizados e libertos. A relação com o universo da leitura e da escrita em sociedades escravistas no geral é limitada às elites e classes senhoriais. Ainda assim, em todas as sociedades escravistas que conhecemos, as populações escravizadas possuíram uma intensa relação com a palavra escrita, seja por meio de seus senhores, seja por motivação pessoal, seja por necessidade da circunstância.

Em 1789, no engenho de Santana, em Ilhéus, é por meio da escrita que um conjunto de escravizados sublevados em greve anuncia ao senhor do engenho suas condições para que retornem ao trabalho. O documento, publicado inicialmente pelo historiador Stuart Schwartz (1977, p. 80-1), é muito simples em sua constituição formal: lista um conjunto de reivindicações feitas pelos escravizados. No entanto, a importância do texto é tamanha, a ponto de ter modificado completamente a maneira como certos temas seriam posteriormente tratados pela historiografia da escravidão. Em "Tratado proposto a Manuel da Silva Ferreira pelos seus escravos durante o tempo em que se conservaram levantados", o grupo grevista e seu redator, ou redatores, revelam uma profunda compreensão da circunstância em que estão envolvidos e dos limites de suas experiências como escravizados, e demonstram ter consciência de seu trabalho, isto é, daquilo que julgam necessário para que possam trabalhar em melhores condições.

Os escravizados em Ilhéus, por meio desse documento, não colocam a instituição da escravidão em xeque. Mas utilizam a escrita como forma de apresentar suas necessidades àquele com quem disputam a força na relação social de trabalho, elaboram uma consciência coletiva e dela retiram estratégias de luta. Não sabemos exatamente como esses trabalhadores, ou parte deles, podem ter sido alfabetizados. Mas estudos recentes têm demonstrado que as fronteiras entre escravidão, letramento e alfabetização são mais tênues do que imaginávamos.[11]

A difusão da escrita e da leitura no Brasil escravista certamente ocorreu de maneira muito diferente do que nos Estados Unidos. No capítulo 2, veremos que isso pode estar associado às confissões religiosas desses dois territórios (respectivamente, católica e protestante), que se relacionam com o universo da leitura de forma diversa. Mas, tanto lá como aqui, escravizados podiam aprender a ler e escrever nas línguas senhoriais de muitas formas, a maior parte delas nos interstícios da vida social. As práticas associativistas, por exemplo, não eram incomuns, e parece ter sido esse o caso das cartas de Teodora Dias da Cunha, escritas por Claro Antônio dos Santos, na década de 1860.

Teodora nasceu na África centro-ocidental e foi escravizada inicialmente no interior da província de São Paulo. Foi vendida e separada de seu marido e filho, posteriormente levada para a cidade de São Paulo, onde trabalhou como escravizada para o cônego Terra. Nesse momento, com a ajuda de Claro, pedreiro e escravo de ganho[12] também residente em São Paulo, escreve um conjunto de cartas com o objetivo de localizar sua família. O plano era comprar sua liberdade e retornar ao continente africano, depois que reencontrasse

---

11 Sobre esse tema, ver Mac Cord, Araújo & Gomes (2017).
12 O termo "escravo de ganho" diz respeito aos cativos que eram enviados por seus senhores para realizar atividades externas remuneradas, como transporte de cargas ou venda de produtos. A maior parte desse dinheiro ficava para o senhor. [N.E.]

o marido e o filho. As cartas de Teodora nunca chegaram ao destinatário e são hoje conhecidas pelos historiadores devido a um processo-crime no qual aparece citada.[13] Dentre muitas coisas, o que as cartas revelam é a quantidade de estratégias utilizadas por mulheres e homens escravizados na busca pela liberdade. A leitura e a escrita foram largamente utilizadas como instrumento nessa empreitada.

O tratado do Engenho de Santana e as cartas de Teodora não são os únicos exemplos brasileiros que evidenciam a utilização da escrita por parte da população escravizada no Brasil. Mas creio que são bons em demonstrar que, embora não sejam autobiografias como as de que estamos tratando neste livro, também constituem formas de inscrição na história, pois revelam trajetórias pessoais e coletivas, formas de compreensão da realidade, estratégias de resistência e projetos de liberdade. A rica historiografia brasileira, boa parte da qual já citada neste capítulo, tem se desenvolvido com base nessa compreensão e, por isso, é fundamental também para a leitura das autobiografias.

———

Em 2014, o filme *12 anos de escravidão* (2013), baseado na autobiografia de Solomon Northup e dirigido por Steve McQueen, foi premiado com o Oscar de melhor filme pela Academia de Artes e Ciências Cinematográficas, em Los Angeles. A produção teve enorme sucesso e grande repercussão entre estudiosos, leigos e ativistas.[14] O retorno das narrativas de escravizados e o interesse crescente de diversos setores da sociedade por seu conteúdo expressam

---

13 Ver Wissenbach (2017).
14 Uma resenha interessante do filme está em Araujo (2014a).

as tensões do nosso tempo. Mais que nunca, afirma-se nas redes sociais a importância do protagonismo e da escrita da própria história pela população negra da diáspora. Movimentos, núcleos de pesquisa e grupos de ação se intensificam, dando continuidade a uma cultura de resistência já centenária. Entretanto, a despeito de tantos avanços, o Brasil ainda assiste ao genocídio da juventude negra e à reprodução de profundas e estruturais desigualdades sociais fundadas nas relações raciais.[15] A urgência da resolução desses problemas históricos se impõe cada vez com mais força, e esse é o local de onde fala esta pesquisa.

Este livro traz à tona algumas experiências, dentre as doze milhões de pessoas que foram sequestradas de seu continente e colocadas sob o jugo violento da escravidão. Recuperar as histórias de mulheres e homens negros escravizados — anônimos ou célebres — e a importância de seu protagonismo e da ação de escrever/inscrever as próprias trajetórias é uma atitude capaz de revelar ao historiador, preocupado com a compreensão de um mundo fundado na lógica do trabalho escravista, as dimensões de subjetividades elaboradas em realidades concretas: as forças produtivas pensavam, sentiam e projetavam suas existências. Mas é também uma pequena contribuição para a luta contra o racismo e para a consolidação da liberdade humana.

---

[15] Uma pesquisa recente que atesta essas afirmações pode ser lida em Instituto de Pesquisa Econômica Aplicada & Secretaria de Políticas de Promoção da Igualdade Racial (2014).

2

A produção social das autobiografias de escravizados e libertos

Solomon Northup tinha 33 anos quando os rumos de sua vida mudaram completamente. Filho de Mintus, um liberto, e de Susannah, que, na forma racista com a qual se estabeleciam distinções sociais, era chamada de "quadrarona",[16] Solomon nasceu em 1807, ano em que o Slave Trade Act — que abolia o tráfico atlântico de africanos no Império britânico — foi votado no Parlamento inglês.[17] Vivendo em Nova York como um homem negro livre, enquanto a escravidão ainda assolava ferozmente a vida e as esperanças de milhares de africanos e de seus descendentes no Sul dos Estados Unidos e na maior parte das Américas, Solomon foi sequestrado por homens brancos e levado para a Virgínia, onde passaria os doze anos seguintes na condição de escravizado.

---

[16] Esse termo, assim como *mulata*, *cabrocha* e *oitavona* (bem como suas variações em outras línguas), foi utilizado em diferentes sociedades para se referir à composição racial das populações. Nesse caso, quadrarona significa que a pessoa possui um quarto de sangue negro, ou seja, é filha de uma pessoa branca com uma *mestiça* (nos termos usuais, *mulata*).

[17] Aprovado em 25 de março de 1807, o ato aboliu o comércio de africanos escravizados no Império britânico, mas não a escravidão, que só seria abolida em 1833, depois de três séculos de existência.

Era 1841, e, a partir de então, Solomon teria de contar com sua força e resistência para enfrentar a realidade da escravidão moderna, que àquela altura era já uma instituição de quase quatro séculos. Passou por três plantations diferentes, o que significa ter sido considerado "propriedade" de três senhores com os humores e caprichos os mais diversos. A maior parte do tempo esteve na fazenda de Edwin Epps, entre 1843 e 1853, dez dos anos mais trágicos de sua vida. Foi nessa época que Solomon testemunhou uma cena ocorrida nos confins da Louisiana, mas que certamente se repetiu em muitos outros lugares do chamado Novo Mundo: o açoitamento violento de Patsey, mulher escravizada e companheira de labuta de Solomon. Vítima do ciúme de seu senhor — Edwin Epps a estuprava constantemente —, Patsey foi interrogada sobre sua ausência por algumas horas num domingo ensolarado. Respondendo que havia ido até a fazenda vizinha em busca de um pedaço de sabão, pois a senhora Epps, enciumada, negava-lhe bens de necessidade básica, foi logo desacreditada por seu "senhor" e condenada ali mesmo a pagar pela "ousadia" de se querer limpa e asseada.

"A moça, nua, foi colocada com o rosto virado para o chão, e os pulsos e os pés foram amarrados firmemente a quatro estacas" (Northup, 1853, p. 256-7). Depois disso, Epps entregou o chicote nas mãos de Solomon e o obrigou a açoitar a própria companheira. "Por mais desagradável que fosse, eu era obrigado a obedecê-lo. Naquele dia, em nenhum lugar da superfície de toda a Terra, ouso dizer, houve uma exibição tão demoníaca quanto a que se seguiu" (Northup, 1853, p. 256-7). Sem outra possibilidade, porque obrigado a empreender o ato horrendo, Solomon chicoteou Patsey trinta vezes consecutivas, com lágrimas escorrendo pelo rosto e escutando os gritos ensurdecedores da mulher. Como se não fosse suficiente, Epps arrancou o instrumento de tortura de suas mãos e continuou, ele mesmo, a aplicar a punição, com dez vezes mais força. "O chicote ficou molhado de sangue, que escorria por seus flancos e pingava no chão. Ao fim e ao cabo, ela [Patsey] parou de se debater. Sua cabeça pendeu inerte sobre o chão. [...] Pensei que aquela moça estivesse morrendo" (Northup, 1853, p. 256-7). Patsey não morreu, mas, depois daquele dia, "nunca mais foi como antes. O fardo de uma profunda melancolia pesava-lhe absurdamente. [...] O abundante vigor se fora [...]. Ela sucumbiu a um ânimo triste e esmorecido" (Northup, 1853, p. 256-7). Alguns anos mais tarde, em 1853, Solomon foi resgatado por um advogado, seu amigo, e levado de volta a Nova York, onde finalmente reencontrou sua família. Patsey, entretanto, ficou para trás, ao lado do extenso grupo de outros escravizados de Epps, e terminou a vida no cativeiro provavelmente não muito tempo depois, embora não se saiba a data exata de seu falecimento. Solomon decidiu, então, escrever sobre essas experiências vividas ao longo dos doze anos anteriores.

Assim, no mesmo ano, foi publicada sua autobiografia *12 anos de escravidão*. Segundo Henry Louis Gates Jr., o livro vendeu dezessete mil exemplares nos primeiros quatro meses e quase trinta mil até janeiro de 1855 (Gates, 2014, p. 261). O que explica seu grande sucesso, num período em que homens negros nem sequer podiam frequentar escolas ou andar livremente pelas ruas de suas cidades?

A autobiografia de Solomon não foi a única desse tipo escrita nos Estados Unidos. Desde 1770, há notícias de publicações autobiográficas de mulheres e homens negros egressos da escravidão, ou ainda na condição de escravizados, que fazem enorme sucesso.[18] A produção e a publicação desses textos foram incentivadas, sobretudo, pela campanha

---

18 A primeira delas é Ukawsaw Gronniosaw & Shirley (1770).

Figura 1 *The staking out and flogging of the girl Patsey* [A espreita e o açoitamento da garota Patsey] (Northup, 1853, p. 256). Na ilustração, é apresentada a cena descrita por Solomon, o conflito com Edwin Epps, enquanto a família senhorial e alguns escravizados assistem ao açoitamento.

abolicionista, que os via como uma possibilidade de divulgar os horrores da cruel realidade da escravidão diante de uma massa de cristãos brancos que pudesse se compadecer da "causa" antiescravista. Desse modo, esse se tornou um caminho, entre os mais variados, para perseguir a liberdade e fazer frente ao cativeiro, que tentava de todos os modos desumanizar os escravizados.

O sucesso das autobiografias está relacionado, principalmente, ao fato de que, entre os séculos XVIII e XIX, as visões a respeito dos significados da escravidão passaram por uma mudança substancial. Por um lado, com as recentes revoluções burguesas, os ideais liberais que faziam referência a liberdade e igualdade ganharam maior espaço político. Para muitos, a busca pela democracia e pela república não se contraporia à escravidão, como no caso da França pós-revolucionária, que enfrentou uma colônia sublevada com o intuito de nela manter a escravidão, ou mesmo dos Estados Unidos, que, uma vez independentes da Inglaterra, sob a égide da igualdade democrática, mantiveram a escravidão intacta. Para outros, porém, essas eram ideias que não poderiam coexistir; lutar pela consolidação da liberdade democrática era combater o tráfico de africanos e a instituição da escravidão.[19]

O discurso antiescravista ganhou força com a fundação das sociedades abolicionistas, que produziram muitos materiais de divulgação e foram responsáveis pela circulação das ideias de liberdade pelo Atlântico, unindo sujeitos das mais diferentes regiões das Américas e da Europa.[20] Do ponto de vista econômico, a escravidão, como um sistema de trabalho compulsório, também mudou, a partir do avanço

---

19 Ver Davis (2001).
20 Análises da formação das sociedades abolicionistas podem ser encontradas em Goodman (1998) e em Perry & Fellman (1979), em especial nos capítulos 3, 6 e 9.

da industrialização e da importância crescente que uma Inglaterra profundamente transformada em termos socioeconômicos e políticos passou a ter no jogo das relações internacionais (Drescher, 2011). Tanto a crise moral como a econômica foram e são temas de extensos debates da historiografia da escravidão e da abolição no mundo moderno, fundamentais para compreender o sucesso característico das narrativas de escravizados.[21]

Ao longo de pouco mais de cem anos, foram publicadas cerca de duzentas autobiografias, a maioria na língua inglesa, muitas delas com várias edições e traduções. Eram textos que circulavam pelas mãos de mulheres e homens brancos, de tradição abolicionista ou escravista, mas que, principalmente, chegavam aos escravizados na íntegra ou em forma de notícias. A leitura e a reprodução em larga escala desses textos podem ter motivado sua crescente produção, pois é completamente plausível imaginar que, tendo acesso à escrita e à possibilidade de publicação, muitos sujeitos na condição de cativos se sentissem motivados a divulgar suas histórias. Esse aspecto e, no limite, a própria existência desses documentos colocam-nos um amplo leque de questões. Talvez a primeira delas seja como essas narrativas eram produzidas.

Partindo da experiência brasileira, a historiografia da escravidão teve que lidar com a quase completa ausência de documentos escritos pelos escravizados, em função da própria condição a que estiveram submetidos. A maior parte dos escravizados não havia sido alfabetizada na língua portuguesa, ainda que muitos deles falassem mais de dois idiomas por conta da própria diversidade linguística das sociedades africanas de onde provinham, o que se acentuava

---

21 Um debate sobre essa historiografia está em Drescher (1995, p. 115-62).

na experiência do tráfico. Entretanto, o acesso à educação formal, bem como a inserção desses indivíduos na sociedade, evidentemente não era incentivado pelas elites e pelos senhores das fazendas. Alguns escravizados tiveram acesso ao ensino quando libertos ou mesmo antes, mas, via de regra, isso foi uma exceção.[22]

A realidade estadunidense não era completamente diferente, mas possuía uma recorrência bastante diversa à da brasileira. Ao norte do continente, a experiência do cativeiro se diferenciava sobretudo pela confissão religiosa — enquanto no Brasil imperava a confissão católica, lá predominava a protestante. Como é sabido, no desenvolvimento histórico do protestantismo, houve de modo geral grande incentivo aos domínios da escrita e, principalmente, da leitura, em função da relação estabelecida com o texto sagrado.[23] Aqueles escravizados que passavam pelo batismo, por exemplo, muito certamente também aprendiam o básico da língua. Ocorria também, ainda que mais raramente, de as próprias famílias proprietárias das plantations facultarem a alfabetização de seus escravizados. Não por benevolência, sendo entendido, em alguns casos, como uma forma de qualificação profissional.

---

[22] O acesso da população em geral, em especial os escravizados, à alfabetização e à escrita é discutido em Wissenbach (2012, p. 228-43).
[23] "Considerando a documentação pernambucana, Evaldo Cabral de Mello sugere que a raridade dos diários íntimos na sociedade escravocrata do Brasil colonial e imperial, comparada à abundância desse material no sul escravocrata dos Estados Unidos, está associada, como disse Gilberto Freyre, ao catolicismo do brasileiro e ao protestantismo do norte-americano: '*aquele podia recorrer ao confessionário, mas a este só restava o refúgio do papel. [...] Ao passo que no catolicismo o exame da consciência está tutelado na confissão pela autoridade sacerdotal, no protestantismo ele não está submetido à interposta pessoa*'" (Mauad & Muaze, 2004, p. 198, apud MELLO, Evaldo Cabral de. "O fim das casas grandes". In: ALENCASTRO, Luiz Felipe (org.). *História da vida privada no Brasil Império: a Corte e a modernidade nacional*. São Paulo: Companhia das Letras, 1997, p. 386, grifo do original).

Se um e outro caso eram possíveis, com graus diferentes de recorrência, o que se confirmava mesmo como regra era o profundo desejo de aprender a ler e escrever, presente no horizonte de expectativa de grande número de pessoas no cativeiro. Mas não pensemos que a ausência de conhecimento da língua era um obstáculo para o registro de memórias. Muitos escravizados e libertos recorriam ao auxílio de transcritores, no geral brancos e abolicionistas, que registravam suas histórias e articulavam sua publicação. Por isso, era quase regra que os prefácios das autobiografias fossem escritos por pessoas brancas, que apresentavam o texto e "garantiam" sua veracidade.

A grande maioria dessas publicações foi escrita depois que seus autores já haviam conquistado a liberdade e, em alguns casos, tinha o intuito de assegurá-la — "liberdade", nesse contexto, era tanto uma condição jurídica como uma realidade fluida, e publicar um livro de memórias era uma forma de lhe dar materialidade. Desse modo, aquilo que escreveram e também a razão para o terem feito são aspectos que não devem ser desconsiderados. A *escrita de si*, nesse contexto, significava, de diferentes formas, uma *escrita de liberdade*.

Para William L. Andrews, professor de literatura da Universidade da Carolina do Norte, em Chapel Hill, ao longo do primeiro século de publicação de autobiografias de escravizados (1760-1860), seus autores colocavam à prova, direta ou indiretamente, duas proposições: de um lado, procuravam demonstrar que eram iguais aos brancos, os leitores a quem se dirigiam; de outro, que, a despeito de toda a propaganda contrária e do preconceito, suas narrativas eram autênticas, e seus autores, testemunhas das histórias que contavam (Andrews, 1986, p. 1). O primeiro aspecto diz respeito ao papel que o público leitor assume para a escrita de textos como esses.

De maneira geral, as narrativas de escravizados eram voltadas para o público branco. De outra forma não se explica o esforço de narrar, com detalhes, experiências do cativeiro que aqueles sob a condição da liberdade jamais poderiam conhecer. A busca pela empatia era constante, o que matizava o teor do que deveria ser narrado: combinava-se a violência inerente à escravidão com reflexões sobre o que unia brancos e negros. Assim, quando Harriet Ann Jacobs publica, em 1861, *Incidentes na vida de uma menina escrava*, registra no prefácio a seguinte dedicatória, sob o pseudônimo de Linda Brent:

> [...] desejo sinceramente despertar a consciência das mulheres do Norte para a condição de dois milhões de mulheres do Sul, que continuam subjugadas, suportando aquilo que eu mesma suportei, a maioria delas em situação bem pior. Quero juntar o meu testemunho ao de penas mais capazes, para convencer os que vivem nos estados livres do que é, de fato, a escravidão. Só quem passou por essa experiência pode mostrar o que é esse fosso de abominações, o que há nele de profundo, sombrio e imundo. (Brent & Child, 1861, p. 14)

Jacobs nasceu possivelmente em 1813, em Edenton, na Carolina do Norte. Até 1853, quando começou a publicar trechos de sua autobiografia, foi perseguida, foragida e teve sua emancipação rodeada de dificuldades. O primeiro texto daquela que seria sua narrativa integral apareceu sob a forma de um artigo no *Tribune* de Nova York, com o título "Carta de uma fugitiva" (Barradas, 1993, p. 12). O caminho era recorrente: muitas autobiografias tiveram trechos inicialmente publicados em jornais e periódicos do Norte. O título que apresentou a história de Jacobs aos nova-iorquinos, *carta*, não é aleatório: pelo contrário, evidencia se tratar de um texto dirigido a um público específico, aquela parte da sociedade livre e, no geral, branca.

O prefácio de Jacobs também revela um aspecto crucial para a divulgação de seu texto. Ela não somente dirige sua narrativa a toda a população livre, como indica um público leitor mais específico, as "mulheres do Norte". Mas por que toma essa iniciativa? Ao acompanharmos as experiências inscritas em sua autobiografia, veremos que Jacobs realiza escolhas narrativas que dão centralidade a temas como o ciúme de sua "patroa", o conhecimento de seu próprio corpo e as necessidades colocadas pela sua condição, as recorrentes cenas de assédio e a violência sexual a que esteve submetida, a maternidade, a separação e o reencontro posterior com sua filha. Nesse último tópico, inclusive, lança reflexões a respeito do impacto que a separação das crianças tem na vida de mulheres escravizadas (Brent & Child, 1861, p. 263).

No momento em que publica seus textos, Jacobs também milita, já na condição de liberta, no movimento das mulheres abolicionistas e no movimento antiescravista, nos quais já possui certa proeminência. É nos salões e eventos nos quais circula que conhece Lydia Maria Child,[24] renomada jornalista branca com vasta produção bibliográfica, que revê seu relato original, realizando pequenas alterações de revisão, possibilitando sua posterior publicação integral. A história da autobiografia de Jacobs, bem como sua própria trajetória como figura pública, estão expressas tanto na edição inglesa de seu livro, publicado em Londres em 1862 sob o título *A Deeper Wrong or Incidents in the Life of a Slave Girl*, quanto no fato de que a autora, ao se tornar célebre, trabalhou em Washington (1862-1863), Alexandria (1863-1866)

---

24 Ver Salerno (2005) e Baer (1964).

e Savannah (1866-1868) angariando fundos e ampliando sua propaganda contra as condições das sociedades sulistas (Barradas, 1993, p. 8-9).

Entre as décadas de 1840 e 1860, muitas sociedades de mulheres abolicionistas foram fundadas, ganharam corpo e estabeleceram as pautas concernentes à luta abolicionista a partir de uma perspectiva feminina. Muitas vezes, entraram em conflito ideológico com movimentos pela luta dos direitos das mulheres, contemporâneos ao debate da abolição, e foram palco de situações em que as contradições colocadas pela escravidão se faziam sentir com mais afinco.

Era 1851. Dezenas de homens e algumas mulheres de diferentes distritos do Norte dos Estados Unidos se reuniam numa igreja em Akron, Ohio, para discutir as diferenças sociais entre os sexos e debatiam a necessidade ou não de ampliação dos direitos políticos das mulheres estadunidenses. A Women's Convention foi um dentre vários congressos que desde o início do século XIX reuniam pregadores metodistas, batistas, episcopais, presbiterianos e universalistas para o debate aberto sobre a condição da mulher. A despeito do tema, a maioria dos participantes da convenção era masculina e se manifestava contrariamente a qualquer ampliação de direitos para as mulheres. Elas eram representadas por algumas mais corajosas que "ousavam" enfrentar os homens da política, levantando suas vozes e defendendo, entre outras coisas, o sufrágio feminino.[25]

Na Women's Convention, em Akron, muitos oradores já haviam falado, em sua grande maioria defendendo a inferioridade da mulher a partir de leituras e interpretações do texto bíblico. Em resposta, as mulheres organizadas na

---

[25] Um relato desse encontro e de outros que se seguiram pode ser lido em Stanton, Anthony & Gage (1889).

convenção diziam que os direitos iguais eram uma pauta com legitimidade indiscutível. Tudo parecia transcorrer "normalmente" até que uma mulher "negra, alta e ossuda, num vestido cinza e turbante branco encimado por um boné grosseiro, marcha deliberadamente para dentro da igreja, caminhando com o ar de uma rainha pelo corredor, até tomar assento nos degraus do púlpito" (Stanton, Anthony & Gage, 1889, p. 115-7). Por se tratar de uma mulher negra num encontro de maioria branca, a situação foi recebida com grande desagrado. "Um encontro abolicionista!", gritou um. "Direitos da mulher e dos crioulos!", berrou outro. "Vai, neguinha!", ouviu-se no fundo. Logo, algumas das mulheres se dirigiram a Frances Gage, que presidia o encontro, dizendo: "Não deixe que ela fale, vai nos arruinar". Para elas, "todos os jornais do país vão misturar nossa causa com a abolição e com os crioulos, e seremos completamente estigmatizadas". Diante das investidas de suas companheiras, Gage responde: "Quando a hora chegar, veremos".

E logo a hora chegou. A mulher negra se levantou, caminhou lenta e "solenemente até a frente, pôs o velho boné no chão" e pronunciou as seguintes palavras, reproduzidas na íntegra:

> Muito bem, crianças, onde há muita algazarra alguma coisa está fora da ordem. Eu acho que com essa mistura de negros do Sul e mulheres do Norte, todo mundo falando sobre direitos, o homem branco vai entrar na linha rapidinho.
>
> Aqueles homens ali dizem que as mulheres precisam de ajuda para subir em carruagens, devem ser carregadas para atravessar valas e merecem o melhor lugar onde quer que estejam. Ninguém jamais me ajudou a subir em carruagens ou a saltar poças de lama, e nunca me ofereceram o melhor lugar! E não sou uma mulher? Olhem para mim! Olhem para

meus braços! Eu arei e plantei, juntei a colheita nos celeiros, e homem algum poderia estar à minha frente. E não sou uma mulher? Eu poderia trabalhar tanto e comer tanto quanto qualquer homem — desde que tivesse oportunidade — e suportar o açoite também! E não sou uma mulher? Pari treze filhos e vi a maioria deles ser vendida para a escravidão, e, quando clamei com a minha dor de mãe, ninguém, a não ser Jesus, me ouviu! E não sou uma mulher?

Daí, eles falam dessa coisa na cabeça. Como eles chamam isso? [Alguém da audiência sussurra "intelecto".] É isso, querido. O que é que isso tem a ver com os direitos das mulheres e dos negros? Se o meu copo não tem mais que um quarto, e o seu está cheio, por que você me impediria de completar a minha medida?

Aquele homenzinho de preto ali disse que a mulher não pode ter os mesmos direitos que o homem porque Cristo não era mulher! De onde o seu Cristo veio? De onde o seu Cristo veio? De Deus e de uma mulher! O homem não teve nada a ver com isso.

Se a primeira mulher que Deus fez foi forte o bastante para virar o mundo de cabeça para baixo por sua própria conta, todas estas mulheres juntas aqui devem ser capazes de consertá-lo, colocando-o do jeito certo novamente. E, agora que elas estão exigindo fazer isso, é melhor que os homens as deixem fazer o que elas querem.

Agradecida a vocês por me escutarem, e agora a velha Sojourner não tem mais nada a dizer. (Stanton, Anthony & Gage, 1889, p. 116-7)

Não é necessário explicar as razões do espanto que se seguiu após o fim do discurso. No dia seguinte, essas palavras estampavam os jornais, e houve grande repercussão entre as sociedades abolicionistas do Norte. A mulher era

Sojourner Truth, egressa da escravidão, e tinha naquele momento 52 anos.

Truth nasceu por volta de 1799, em Nova York, filha de escravizados da região de Ulster. Seus pais morreram alguns anos depois de seu nascimento, e a jovem viveu em três diferentes casas até 1828, quando foi libertada por Isaac van Wagenen. Como uma mulher livre, Truth trabalhou como empregada pessoal de Robert Matthews, um profeta que se autoproclamava Deus e a reencarnação de Matias (o último dos apóstolos). Com a morte de Matthews e a dispersão de seus seguidores, Truth passou a peregrinar por diferentes regiões, levando o chamado divino e a crença milenarista no retorno de Jesus Cristo, o que acreditava que aconteceria em 1843.

Curiosamente, foi em 1843 que Truth se uniu à Northampton Association of Education and Industry, formada no ano anterior. Tratava-se de um experimento de vida comunal que propunha reformas de caráter cooperativista do sistema industrial vigente, tendo como uma de suas referências o pensamento de Charles Fourier.[26] Nessa associação, Truth narrou sua história de vida para Olive Gilbert, uma mulher branca que fazia parte do quadro diretivo do grupo. Sete anos mais tarde é publicada *E eu não sou uma mulher? A narrativa de Sojourner Truth*, livro que, assim como as demais autobiografias do período, ganhou enorme repercussão, sobretudo nos grupos abolicionistas.

A narrativa de Truth, porém, se destaca em relação à maioria das autobiografias. Seu texto, assim como o discurso proferido dois anos após a publicação, está profundamente comprometido com a situação das mulheres, em especial a das mulheres negras escravizadas na sociedade daquele

---

26 Sobre a Northampton Association, ver Clark (2003).

momento. De certo modo, Truth dialoga com a ampliação dos diversos movimentos de mulheres que passam a se organizar naquela ocasião e aponta as diferenças que marcaram a experiência de mulheres brancas e negras. A condição racial, totalmente vinculada à existência da escravidão, combinou-se com a condição de gênero. E os significados dessa intersecção foram pensados e discutidos pela autora da narrativa, num tom religioso de denúncia.

Sojourner Truth e Harriet Ann Jacobs não foram as únicas mulheres negras que passaram pela experiência da escravidão e publicaram autobiografias. Ainda que em número muito menor que o de homens, outras mulheres nessas condições escreveram ou narraram suas histórias, em que avultam as experiências particulares às mulheres negras escravizadas. Trata-se da oportunidade de compreender como patriarcado e escravidão estruturavam um sistema de dominação e exploração do trabalho que tornava a vida de mulheres muito peculiar em relação à dos homens (Franklin, 2006). E, principalmente, trata-se da possibilidade de recuperar as formas pelas quais essas mulheres reelaboravam essa realidade.

A condição de existência das mulheres negras no contexto da escravidão era mediada pela materialidade da exploração a que estavam submetidas, mas também pelas concepções construídas no seio de uma sociedade que encarnava relações patriarcais e racistas. Como aponta Deborah Gray White, essa "mitologia da mulher escravizada" variava entre dois mitos, o da *Jezebel* e o da *Mãe*. São mitos na medida em que essencializavam a existência dessas mulheres, colocando suas relações sociais num lugar de imutabilidade. Era outra forma de aprisionar sua vida, que justificava e se amalgamava ao próprio cativeiro do trabalho (White, 1985, p. 27).

No primeiro desses mitos, o da Jezebel, prevalecia a imagem da mulher como totalmente governada pela libido. A visão da mulher negra dominada pelos instintos sexuais e pela sensualidade surge concomitantemente ao encontro dos homens brancos com as populações africanas. Essas últimas estariam sujeitas ao clima tropical e, por isso, viveriam nuas, envolvidas em danças tribais e reduzidas ao nível da orgia (White, 1985, p. 29). As mulheres, segundo as visões europeias, estariam ao dispor dos desejos masculinos, razão pela qual a poligamia assumia o papel de organizar as linhagens que estruturavam a vida social.

Em fins do século XVIII e ao longo do século XIX, as mulheres africanas povoaram o imaginário europeu como seres dominados pela energia sexual e inclinadas ao pecado. Por não serem cristãs, nada restringiria sua moral; o desconhecimento do inferno e do temor a Deus seria responsável por sua lascividade. Essas concepções se expressaram nas produções pictóricas feitas por viajantes, naturalistas e homens de ciência que cruzavam os mares com o intuito de registrar os mundos desconhecidos e apresentá-los à Europa (Stols, 2008).

Na segunda metade do século XIX, eram muito comuns os álbuns de fotografias em que podiam ser vistas mulheres africanas em poses extremamente sexualizadas, muitas delas remetendo a uma cultura visual conhecida pelo Ocidente. Numa fotografia de 1880 tirada por um explorador europeu na África Ocidental (figura 2), vê-se uma mulher africana deitada sobre uma espécie de divã, com a mão direita sob o queixo e a esquerda próxima à região pélvica. Essa posição era típica das vênus gregas, muito comuns na pintura renascentista. Em outra fotografia do mesmo álbum, registrada em 1882 (figura 3), outra mulher aparece de lado, grávida e com grandes seios, com uma expressão constrangida — o que é possível aferir pela situação na qual está colocada —, mas também cercada de um mistério artificial, dadas a posição corporal e a composição, típicas da cultura visual e das pinturas europeias.

A exposição do corpo feminino africano correspondia aos interesses mais sórdidos dos europeus, que variavam entre os estudos médicos, as observações biológicas e a exploração sexual. Um exemplo é o que ocorreu com Saartjie Baartman, uma mulher khoisan nascida no vale do Rio Gamtoos, onde hoje é Cabo Oriental, na África do Sul. Sequestrada e capturada em 1810, Saartjie foi levada até Londres, onde foi obrigada a atuar e dançar como uma "selvagem" num show de horrores — programa comum entre londrinos da época.

Além de ser constantemente estuprada e sofrer todo tipo de violência, tanto de seu "mestre" quanto de uma audiência ensandecida, Saartjie foi levada para Paris e acabou se tornando objeto de estudo médico. Conhecida como *vênus negra*, ou *vênus hotentote*, Saartjie teve sua vida permeada pelos olhares de homens e mulheres brancos, nos quais se misturavam espanto, terror e sadismo (Gilman, 1985; Gould, 1985; Crais & Scully, 2008).

Viajantes europeus, como Debret, Rugendas e Biard, também retrataram as mulheres negras escravizadas que encontraram nas regiões pelas quais passaram, principalmente no Brasil. Para Ana Lucia Araujo, as obras pictóricas desses estrangeiros revelam a visão que homens europeus e, diríamos, a sociedade de um modo geral construíram e ajudaram a divulgar a respeito das mulheres negras. Para a historiadora, suas iconografias expressam relações de gênero e de poder profundamente fincadas numa matriz visual que consolidou a representação da nudez quando o assunto era retratar as mulheres negras escravizadas (Araujo, 2014b).

Como outras ideias e concepções, essas também circulavam pelo Atlântico e se arraigavam nas sociedades americanas.

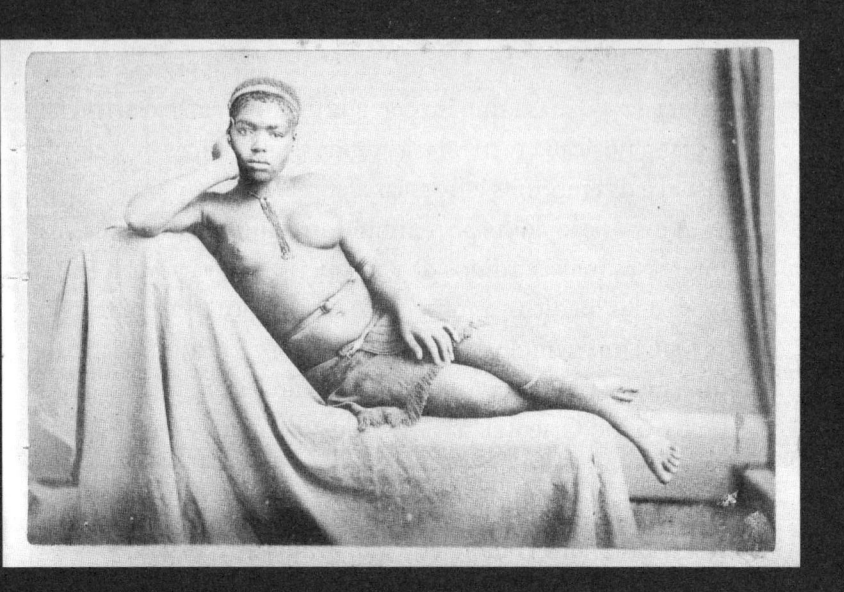

Figura 2 Kisch. Sem título. 1880.
Coleção Alexandre & António
Ramires (Pires, Araújo & Bernaschina,
2014, p. 155).

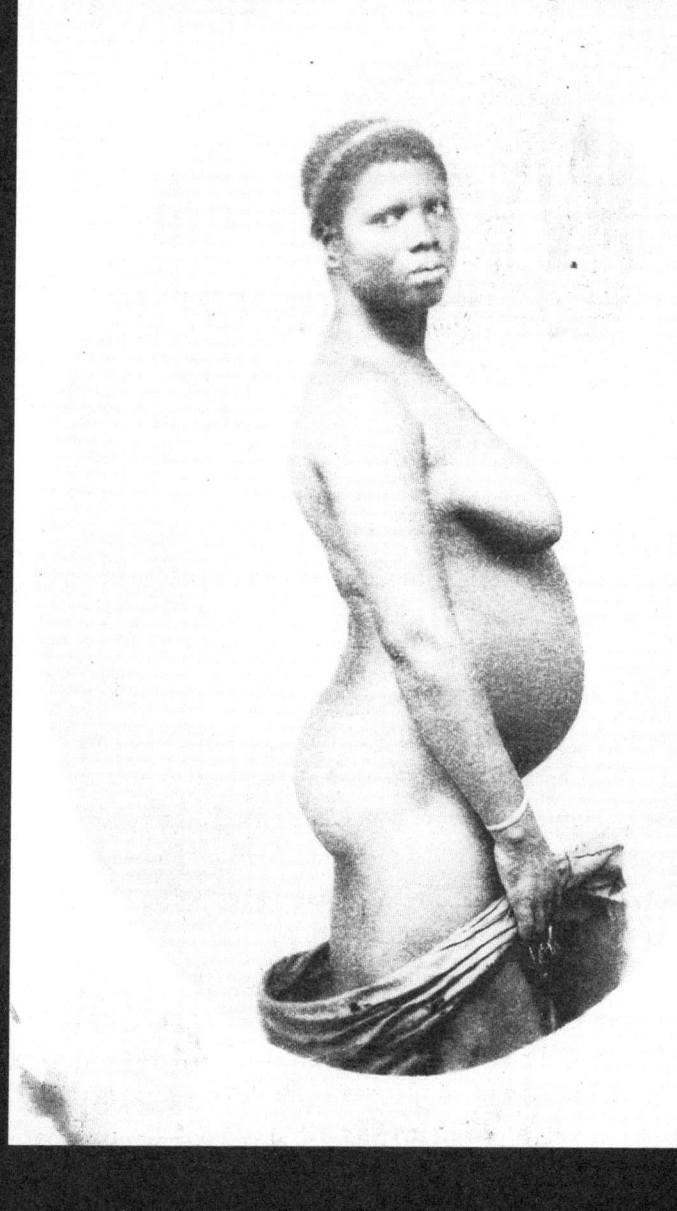

Figura 3 Kisch. "Cartre de visite". 1882. Coleção Alexandre & António Ramires (Pires, Araújo & Bernaschina, 2014, p. 158).

Elas constituíam a realidade vivida por mulheres negras, de modo que se introjetavam nos modelos de exploração do trabalho e lhes davam um perfil muito peculiar em relação àqueles vividos pelos homens negros. Harriet Ann Jacobs, ao escrever sua autobiografia e publicá-la em 1861, pretendia denunciar essa situação.

Após a morte de seus pais, Jacobs foi criada pela avó materna, Molly Horniblow, então já livre do cativeiro e da fazenda de James Norcom, que continuava, contudo, sendo o proprietário de Jacobs. Aos onze anos, a menina relatou o primeiro abuso que sofreu do homem, já bem mais velho. Os exemplos de agressões físicas e morais se estenderam ao longo do tempo. Quando Jacobs engravidou do primeiro filho, Norcom ficou enraivecido, tomado pelo ciúme e, num assalto de ódio, disse à moça:

> Sua garota teimosa! Podia moer seus ossos! Você se lançou nos braços de um vigarista sem préstimo! Não tem juízo e se deixou convencer facilmente por quem não quer saber de você para nada. O futuro ajustará as contas entre nós. [...] Eu poderia ter castigado você de várias maneiras. Podia ter mandado você para o chicote até a morte. Mas queria que vivesse. Você é minha escrava. (Brent & Child, 1861, p. 91)

Essas situações constantes de humilhação faziam com que Jacobs alimentasse um sentimento ambíguo em relação a seus filhos. Referindo-se a Benjamin, o primeiro deles, ela afirma que "gostava de velar-lhe o sono infantil, mas havia sempre uma nuvem carregada a pairar sobre o meu contentamento" (Brent & Child, 1861, p. 110). A nuvem carregada a que se referia era uma metáfora para o seu sentimento. "Nunca me esquecia de que ele era um escravo. Por vezes desejava que morresse como um anjinho" (Brent & Child, 1861, p. 110).

Certa vez o garoto adoeceu, e todos acharam que não sobreviveria, devido à tenra idade. Jacobs ficou muito assustada: "Eu havia rezado para que ele morresse, mas nunca com o fervor com que agora rezava pela sua vida" (Brent & Child, 1861, p. 110). O garoto sobreviveu, mas a mulher não deixou de escrever: "Que ironia para uma mãe escrava, rezar para que o filho moribundo regresse à vida! Antes a morte que a escravatura" (Brent & Child, 1861, p. 110).

Com essas palavras, a autora do relato parece demonstrar a frequência com a qual a morte de crianças era entendida como uma libertação do jugo da escravidão. Também recorrentes nas narrativas autobiográficas são as cenas de separação, seja de famílias inteiras, seja de filhos em relação às mães (figura 4). A reflexão de Jacobs, desse modo, só pode ser compreendida no interior das contradições que a escravidão criava na vida das mulheres africanas escravizadas e de seus descendentes.

A infância é também tema recorrente nas autobiografias. Segundo Jennifer Fleischner, o reconhecimento das identidades individuais como constituídas pelas memórias pessoais iniciadas na infância "emerge nessas mulheres [e homens] como razão para a escrita" (Fleischner, 1996, p. 2). Isso quer dizer que, mais que objetivos políticos imediatos, como a luta abolicionista, as autobiografias, de modo geral, acabaram tendo como resultado a criação de personalidades com um lugar na sociedade, pois historicizavam os sujeitos, conferiam-lhes existência num mundo de contradições e conflitos. Em autobiografias escritas por homens e mulheres negros, a forma cultural, a ideologia e a psicologia individual foram matérias-primas para estratégias de representação que estão imbricadas.

Daí que a produção social desses textos resulta de um gênero — a autobiografia — já estabelecido na sociedade do período e de uma ideologia que lhe atravessa as páginas,

Figura 4 *Oh my child my child*
[Oh, minha criança, minha criança]
(Bibb, 1849, p. 115).

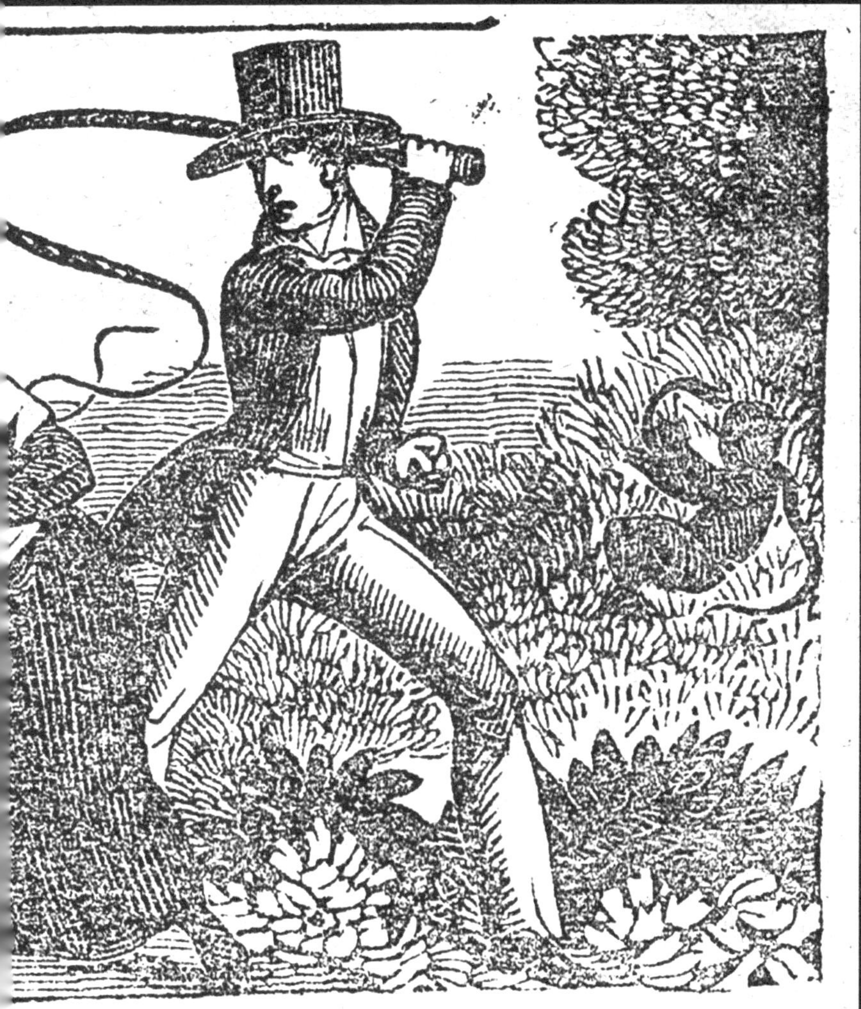

fazendo delas territórios de disputa. Do ponto de vista ideológico, como afirma Valerie Smith (1991, p. 12), os autores tenderam a utilizar duas formas de representação da escravidão. Alguns, como Joseph Mountain (Mountain & Daggett, 1790), Edmund Fortis (1795) e Stephen Smith (1797), seguiram o modelo das narrativas populares de confissão criminal (*popular criminal-confessions narratives*, em inglês). Outros, como James Ukawsaw Gronniosaw (Ukawsaw Gronniosaw & Shirley, 1770), George White (1810) e Equiano (1789), mimetizaram a estrutura das narrativas de conversão religiosa.

As duas formas, em especial a segunda, elaboravam seus conteúdos utilizando figuras de linguagem e alegorias que criticavam a escravidão em seus aspectos desmoralizantes, sem, contudo, atacar frontalmente a estrutura do sistema. Essa era uma forma de controlar, como um conta-gotas, o modo como os possíveis leitores poderiam receber as narrativas. Equiano, por exemplo, prepara o leitor, logo no início de sua autobiografia, para conhecer como o contato com o Deus cristão havia mudado sua vida:

> Pelos horrores do tráfico de escravos, fui afastado de todas as relações afetivas que eram, naturalmente, caras para mim, mas, pelos misteriosos caminhos da Providência, fui infinitamente recompensado pelo conhecimento da religião cristã e de uma nação que [...] tem exaltado a dignidade da natureza humana. (Equiano, 1789, p. 3)

Não há razões para desconfiar da autenticidade da fé de Equiano e de outros autores autobiografados que lançaram mão da retórica teológica cristã. Entretanto, o que nos interessa aqui é o fato de que a fé passou também a ser utilizada como uma estratégia de aproximação com o público leitor, em sua maioria cristãos de confissão protestante.

Essa aproximação acabava por evidenciar os fatores degradantes inerentes à escravidão e se contrapunha às visões dos africanos como selvagens e pagãos. Tais recursos narrativos ampliaram as possibilidades de leitura das autobiografias de escravizados, alargando-as e flexibilizando-as como um gênero de escrita.

O problema da forma autobiográfica também nos interessa e difunde outras questões sobre a produção social desses textos. A maior parte dos estudos que lançam mão de documentos autobiográficos parte do referencial foucaultiano, uma vez que o filósofo francês foi um dos pensadores que sistematizou e refletiu sobre a dinâmica da produção autonarrativa.[27] Essa referência foi muito importante para as considerações iniciais sobre as autobiografias de escravizados como um gênero comum nos séculos XVIII e XIX, mas é necessário avaliar se se trata de uma categoria que pode ser mobilizada para esse caso. Para isso, são importantes algumas palavras sobre o que é a *escrita de si* para Foucault e os problemas que essa noção pode suscitar para a leitura das autobiografias de escravizados e libertos.

Para situar o sentido histórico-filosófico da noção de *escrita de si*, é preciso dizer que, se o Foucault dos anos 1960 havia declarado a "morte do Homem", no que ficou conhecida como sua "fase arqueológica", nos anos 1980 é possível afirmar que o filósofo francês retomou a noção de sujeito em suas considerações sobre o passado e o processo histórico. Uma das facetas dessa retomada se evidencia na "estética da existência", um conjunto de reflexões construídas, sobretudo, no terceiro volume da *História da sexualidade*, que objetivava deslindar "como havia se constituído, para o próprio sujeito, a experiência de sua sexualidade como desejo" (Foucault,

---

[27] Dois exemplos de destaque são Gomes (2004) e Rago (2013).

2012b, p. 281). A dimensão da experiência, que não se furta à ideia de um sujeito, portanto, ganha importância no interior do pensamento foucaultiano. É justamente nesse momento que o texto "A escrita de si" é publicado, em fevereiro de 1983.

O processo de constituição do sujeito no mundo ocidental é visto por Foucault (2012a, p. 143) como resultado, entre outras coisas, de uma escrita voltada para si, associada, como nos textos de Epíteto, "ao exercício do pensamento sobre ele mesmo que reativa o que ele sabe, torna presentes um princípio, uma regra ou um exemplo, reflete sobre eles, assimila-os, e assim se prepara para encarar o real". Para esboçar esse quadro, Foucault retorna aos textos clássicos greco-romanos. Neles, encontra duas vertentes da *escrita de si*: os *hupomnêmata*, "cadernetas individuais que serviam de lembrete", e as correspondências, "textos que são enviados a outros" (Foucault, 2012a, p. 144, 149).

No primeiro caso, as cadernetas eram receptáculos de anotações constituídas de reflexões, fragmentos, pensamentos e citações que faziam referência a ações presenciadas ou leituras, espécie de "memória material das coisas lidas, ouvidas ou pensadas" (Foucault, 2012a, p. 145). Possuíam uma função prática, na medida em que a elas se recorria quando da necessidade de se recuperar algo que a memória deixava escapar. Os *hupomnêmata*, entretanto, não eram propriamente autonarrativas.

> [...] não têm como objetivo esclarecer os *arcana conscientiae*, cuja confissão — oral ou escrita — tem valor de purificação. O movimento que eles procuram realizar é o inverso daquele: trata-se não de buscar o indizível, não de revelar o oculto, não de dizer o não-dito, mas de captar, pelo contrário, o já dito; reunir o que se pôde ouvir e ler, e isso com uma finalidade que nada mais é que a constituição de si. (Foucault, 2012a, p. 145)

O que esses espaços de inscrições possibilitavam, dessa forma, era uma *subjetivação do discurso*, isto é, não a criação de algo passível de ser chamado inédito, mas, sim, a "novidade" produzida por meio da reelaboração de coisas já ditas (ou vistas) pelos outros. Os *hupomnêmata* devem ser inseridos, assim, numa "cultura fortemente marcada pela tradicionalidade", uma vez que se constituem como um amontoado de situações e recordações do passado que se recombinam a partir da circunstância na qual são resgatados (Foucault, 2012a, p. 146).

Para Foucault, esses textos só contribuem para a formação do sujeito por três razões. A primeira, porque constituem uma espécie de guia ou exemplo, "fixando os elementos adquiridos e constituindo de qualquer forma com eles 'o passado', em direção ao qual é sempre possível retornar e se afastar" (Foucault, 2012a, p. 147). A segunda razão consiste na escolha e na organização de elementos inicialmente heterogêneos, mas que se tornam menos dispersos por meio de "uma maneira racional de combinar a autoridade tradicional da coisa já dita com a singularidade da verdade que nela se afirma e a particularidade das circunstâncias que determinam seu uso" (Foucault, 2012a, p. 148).

A terceira razão é que, ao coletar e reorganizar em contextos de uso circunstancial coisas já ditas, o dono do caderno cria a própria identidade. Nas palavras de Foucault (2012a, p. 149), "assim como um homem traz em seu rosto a semelhança natural com seus ancestrais, também é bom que se possa perceber no que ele escreve a filiação dos pensamentos". Por esses motivos, ainda que não haja nada de inédito em termos de invenção narrativa, as anotações de coisas já ditas, quando combinadas de diferentes formas, criam algo, mas sem romper com a tradição. Constituem uma *escrita de si* na medida em que emerge do passado um sujeito não de todo apartado dele, mas inteiramente modificado por ele.

No caso das correspondências, trata-se especificamente de exercícios de escrita pessoal, mas direcionados a — e produzidos para — outros. Aqui, escrita e leitura se constroem como movimentos de um mesmo processo: ao se exteriorizar no texto escrito, toma-se consciência de si próprio. O relato epistolar, assim, trata "de fazer coincidir o olhar do outro e aquele que se lança sobre si mesmo ao comparar suas ações cotidianas com as regras de uma técnica de vida" (Foucault, 2012a, p. 157).

Desse conjunto de reflexões, infere-se a importância da noção de indivíduo, possível somente mais tarde, na modernidade. Quando essa noção se consolida, surgem os primeiros esboços de uma possibilidade autobiográfica.[28] E daí a categoria *escrita de si* ser a chave a que quase sempre os estudos sobre autobiografias se referem.

Por tudo isso, a noção de Foucault sobre o papel da escrita de si para a constituição do indivíduo moderno me parece fundamental para compreender as autobiografias de escravizados pelo que elas são antes de tudo: autonarrativas. Inicialmente, constatei que a maior parte dos estudos que se debruçaram sobre elas se concentrava em teoria e crítica literária.[29] A concepção da autobiografia como gênero literário, entretanto, acabou por negar o estatuto de documento histórico a esses escritos. Inevitavelmente, deu-se mais atenção ao *texto*, como produto, que às tensões de sua produção no interior das relações sociais, e desconfio que isso se tenha exacerbado por meio das considerações sobre a *escrita de si*.

O que quero dizer é que as reflexões de Foucault apontam para aspectos importantes do processo de escrita como

---

[28] Sobre a relação entre a produção autobiográfica e as transformações no domínio do espaço público, ver Sennet (2014).
[29] Como no caso da maior antologia sobre escritos afro-americanos: Gates & McKay (2004).

constituição do sujeito. Entretanto, elas não avançam no que diz respeito a *quem é* esse sujeito. Se ele se constitui no texto, como é possível concluir até aqui, é porque antes dele, e antes da própria ação de escrever, o sujeito se constitui na sociedade por meio das relações a que nela se submete. Relações das quais também é sujeito de ação e, por isso, de reelaboração. A pergunta não é bem *como* se constitui na escrita, mas *por que* e sob *quais* condições o realiza.[30]

A autobiografia de William Grimes, *Life of William Grimes, the Runaway Slave* [Vida de William Grimes, um escravo fugitivo], publicada em Nova York em 1825, é uma pista para compreender esse aspecto. Grimes (1784-1865) nasceu no estado de Virginia e foi escravizado, como aponta, por cerca de dez senhores diferentes. Em 1814, conseguiu fugir em um navio para Nova York e de lá foi para a região da Nova Inglaterra, tornando-se empresário. Finalmente, instalou-se em New Haven, Connecticut, onde se casou, formou família e construiu seu próprio negócio: uma barbearia de sucesso. Algum tempo depois, Grimes foi denunciado por um guarda que o reconheceu como um escravizado fugitivo, e ele foi obrigado a dar todos os seus bens ao seu antigo senhor em troca da liberdade. Quando publicou sua autobiografia, em 1825, não deixou dúvidas quanto a sua intenção: pretendia levantar dinheiro com a venda do livro a fim de recuperar a vida digna que lhe fora roubada, deixando-o na miséria.

Ao escrever sua história, ao escrever sobre si, Grimes tomou nota de que sua experiência seria outra "não fosse pelas marcas em suas costas" (Grimes, 1825, p. 64). A condição de

---

[30] Essas perguntas situam os lugares da forma e do conteúdo para o estudo de produções de cunho literário. Neste caso, tanto aquela quanto esse estão imbricados e são, portanto, indissociáveis. "As relações entre elas, se vistas de modo adequado, são em si mesmas relações sociais e históricas, com evidências diretas nas formas de escrita" (Williams, 2014, p. 3).

escravizado o colocou numa situação de exploração, como descreve nas mais de sessenta páginas de seu relato. E mesmo depois, vivendo em liberdade, sua condição anterior não foi de todo superada: a miséria na qual se encontrava era fruto da perda dos bens em troca da alforria. A escravização é uma condição, como evidencia em sua narrativa, e não uma essência do seu ser. Sua constituição como sujeito, nos termos da *escrita de si*, dá-se na condição que lhe é imposta a partir de seu nascimento, mas também nas diversas tentativas de fuga, que finalmente terminam em 1814, quando vai para Nova York. Constitui-se como sujeito em seu texto, e isso acontece a partir de sua experiência como um homem negro escravizado que resiste de diferentes formas à própria escravização, como condição, e à escravidão, como sistema de exploração do trabalho de muitos por alguns.

O mais importante, entretanto, está no sentido que atribui ao próprio texto, que é mais do que um meio para arrecadar algum valor para sua sobrevivência e a de sua família: ele é o legado da liberdade. Grimes sugere que sua pele (as marcas nas costas) está unida à constituição da liberdade americana; o motivo para a publicação do texto ultrapassa o nível pessoal e se instala na dimensão do coletivo. Seu "legado" é a luta pela liberdade, e aqui se deve compreender o *porquê* de sua escrita.

A importância de textos como o de Grimes se encontra, portanto, menos no conteúdo *per se* e mais na forma como o autor da narrativa optou por expor sua vida diante do problema geral no qual se via envolvido. Isso pode parecer uma obviedade em termos de consideração histórica. No entanto, não foi dessa forma que a historiografia tratou os documentos. Esse tipo de perspectiva impõe duas ordens de problemas. A primeira diz respeito ao fato de que todo documento legado pelos sujeitos do passado exige um olhar crítico por parte do historiador. Isso quer dizer que documentos como as autobiografias, que supostamente permitem o acesso direto à experiência passada, são tão complexos como quaisquer outros em termos de análise. Neles se avulta a "ilusão da verdade", de um texto que, por ser narrado em primeira pessoa, torna-se mais "confiável" que outros. Essa ilusão pode fazer com que o historiador tome o escrito como fato, esvaziando o próprio processo histórico, destituindo-o de movimento e contradição.

Um exemplo disso é a forma como, durante muitos anos, a literatura de viagem foi utilizada na historiografia brasileira, o que só vem mudando há pouco.[31] Durante muito tempo, os historiadores e cientistas sociais se referiram a esses documentos como exemplares não de um passado possível, mas como dados "mais" verdadeiros, testemunhos da realidade. O resultado foi a reprodução de uma variedade de mitos, como o da democracia racial e do homem cordial, que estavam já presentes nos olhares estrangeiros, antes de serem esboçados por Gilberto Freyre (2010), no caso do primeiro, e por Sérgio Buarque de Holanda (1997), no segundo.

A segunda ordem de problemas está relacionada à crítica à "ilusão da verdade", que, levada ao extremo, acabou por esvaziar o estatuto histórico das autobiografias, tornando-as um subgênero literário, ficção. Evidentemente, a crítica literária produziu, e ainda produz, estudos importantes sobre autobiografias a partir dessa perspectiva. No entanto, isso não informa suficientemente o trabalho do historiador, que se vê diante de questionamentos de outra natureza. A confiabilidade desses textos, por exemplo, é um tema no qual é possível perceber essa divergência.

---

[31] Para uma discussão sobre a historiografia e a literatura de viajantes, ver Beluzzo (1994), Lisboa (2011), Franco (2008) e Pratt (1999).

A bibliografia sobre as autobiografias de escravizados na perspectiva da crítica literária constantemente questiona a máxima de verdade contida nesses textos. Geralmente, afirma-se que os autores não escreveram sobre suas reais experiências, tendo ficcionalizado sua vida. Daí importa compreendê-las como texto literário, e não histórico. Ocorre que, ao tomar essa postura, reivindica-se o oposto da "ilusão da verdade", da mesma forma, esvaziando-se o movimento histórico.

Uma autobiografia que aparece de modo recorrente em estudos literários sobre a produção de negros escravizados e libertos é *The Interesting Narrative of the Life of Olaudah Equiano, or Gustavus Vassa, the African* [A interessante narrativa da vida de Olaudah Equiano, ou Gustavus Vassa, o africano], de 1789. O crítico literário Vincent Carretta questiona se o autor do texto teria mesmo nascido na terra dos Ibo (na atual Nigéria), como afirmava. Segundo Carretta (1999), Equiano poderia ter nascido na Carolina do Sul e criado uma história ficcional a respeito de si, autoatribuindo-se origens africanas como uma forma deliberada de trazer mais realismo à narrativa e, com isso, combater o tráfico.

Para o historiador Marcus Rediker, entretanto,

> Se Equiano nasceu na África Ocidental, está dizendo a verdade sobre sua escravização. [...] Caso tenha nascido na Carolina do Sul, ele só podia saber o que sabia absorvendo o conhecimento e a experiência dos que nasceram na África e atravessaram a temível Passagem do Meio a bordo de um navio negreiro. Assim sendo, ele se teria tornado o historiador oral, o guardião da história comum, uma espécie de *griot* do navio negreiro, do que decorre que seu relato não é menos fiel à experiência original, diferindo apenas em suas fontes e em sua gênese. (Rediker, 2011, p. 109)

A saída que Rediker oferece nos parece o suficiente para compreender o teor das autobiografias. Mas o "problema" da autenticidade nos informa, também, sobre as maneiras como esses textos foram recebidos por seus contemporâneos. À altura em que o texto de Equiano é publicado, a escrita autobiográfica já possui seus contornos bastante estabelecidos. De modo geral, a autoridade da voz que narra as histórias pessoais é como um elemento prévio da consideração do público leitor. Dezenas de autobiografias de senhores de escravos, das elites europeias, de nomes da ciência e das artes já circulam pelo Atlântico, e sobre nenhuma delas recaiu tão ferozmente a dúvida da autenticidade do autor quanto em relação às autobiografias de escravizados.

Esses indícios podem ser lidos nas dezenas de prefácios escritos por mulheres e homens brancos que, por razões variadas — mas quase sempre por serem abolicionistas —, atestavam a veracidade do texto publicado. Era uma forma de declarar publicamente que o relato não era falso, ou apenas ficcional, e, por isso, lidava-se com significados diversos do que poderia ser chamado de "verdade". David Wilson, editor de *12 anos de escravidão,* de Solomon Northup, afirma, no prefácio à obra, escrito em maio de 1853:

> Muitas declarações contidas nas páginas seguintes foram corroboradas por evidências abundantes — outras repousam apenas sobre as palavras de Solomon. De que ele aderiu estritamente à verdade, está convencido ao menos o editor, que teve oportunidade de detectar qualquer contradição ou discrepância em suas declarações. (Northup, 1853, p. 7)

Aqui, o editor diz ao leitor que se responsabiliza pela veracidade do que será lido. De alguma forma, o que está implícito é que o envolvimento emocional do autor pode levá-lo a cometer erros factuais, a distorcer a realidade, mas que, tendo passado pela leitura de alguém imune ao teor afetivo, o texto pode ser levado em consideração como autêntico. E Wilson adverte:

> Ele [Solomon] invariavelmente repetiu a mesma história sem se desviar do menor detalhe e repassou cuidadosamente o manuscrito, solicitando mudança sempre que detectada a mínima imprecisão que fosse. (Northup, 1853, p. 7)

As imprecisões a que se refere foram evidentemente apontadas pelo próprio Wilson, na condição de editor do livro. A autoria, embora fosse de Solomon Northup, não lhe conferia autoridade; ela recaía sobre alguém com credibilidade social suficiente — uma pessoa branca — para tirar à prova qualquer dúvida sobre os significados do que estava escrito. É como se ouvíssemos a voz do abolicionista, e não a do escravizado, dizendo: "Ele diz a verdade, nada mais que a verdade".

O conceito de "absoluta e perfeita verdade" era caro para o abolicionismo de matriz cristã e para todo o século XIX estadunidense (Andrews, 1986, p. 3). Nesse sentido, o compromisso com a verdade tinha relação com a obrigatoriedade de não dar falso testemunho, um grande pecado do ponto de vista cristão. O discurso teológico, constitutivo desses textos, reforçava, portanto, sua autenticidade. Se a fé de um escravizado poderia ser facilmente colocada à prova pelo público leitor, o mesmo não poderia ser dito sobre os editores abolicionistas, em alguns casos proeminentes sacerdotes de vertentes diversas do cristianismo, como os *quakers*, por exemplo.

Outro recurso de reiteração da *verdade* — ou do sentido de veracidade — desses textos foram as gravuras e ilustrações que, em alguns casos, acompanhavam o texto das autobiografias, como nas narrativas de Henry Bibb e Solomon Northup.

Compreendidas como parte da narração e, portanto, indissociáveis dela, essas gravuras assumiam a função de reforçar algumas passagens do texto escrito, possibilitando a materialização visual de determinada cena ou situação. Vistas isoladamente e em sequência, elas compunham uma narrativa própria, de modo que é possível acompanhar os momentos mais destacados da vida do autor por meio da representação iconográfica. Algumas gravuras vinham assinadas, revelando a identidade dos artistas. Em outros casos, não é possível determinar seus autores. Seja como for, elas foram também responsáveis por trazer mais fidegnidade às narrativas, pois fixavam situações que, se apresentadas somente em texto, poderiam dar margem a acusações de exagero e invenção. Uma vez apresentadas em conjunto com o documento escrito, constituíam-se quase como *provas* da verdade contida no relato.

A função-autor, assim, nos termos especializados da crítica literária, não era ocupada apenas pelo autor *in facto* das autobiografias; ela era, de forma bastante difusa, compartilhada com os editores, que se responsabilizavam pelo conteúdo publicado. Mas não só. Algumas dessas narrativas foram escritas em coautoria, no sentido estrito do termo, uma vez que eram resultado de transcrições de narrativas orais (nos casos em que os narradores não puderam escrever), inscritas pelos editores, que realizavam um "tratamento técnico" que dava acabamento ao texto. Desse modo, é completamente seguro afirmar que a maior parte das autobiografias consideradas aqui é produto de diferentes vozes ou, melhor dizendo, é atravessada por múltiplas experiências.

Colocada nesses termos, a questão da autenticidade evidencia que não constitui problema central, aqui, a veracidade ou não das informações contidas numa autobiografia; ela pode ou não ser atestada. O ponto fundamental está na escolha, na organização, por parte de seu autor e dos editores, das informações às quais se refere como "sua vida", porque ela forja uma unidade temporal e de acontecimentos "vividos" que cumpre uma função no tecido das relações sociais das quais emerge. Equiano pode ter nascido na terra Ibo ou na Carolina do Sul. Mas o fato é que, ao dizer que nasceu entre os Ibo, ele optou por ser lido como um africano, e, considerando o que vem a seguir em seu relato, isso foi fundamental para o sentido de combate ao tráfico que o texto cumpriu quando se tornou público.

Algo próximo disso é afirmado pelo teórico da literatura Philippe Lejeune em *O pacto autobiográfico*, de 1975. Para Lejeune,

> A promessa de dizer a verdade, a distinção entre verdade e mentira constituem a base de todas as relações sociais. Certamente é impossível atingir a verdade, em particular a verdade de uma vida humana, mas o desejo de alcançá-la define um campo discursivo e atos de conhecimento, um certo tipo de relações humanas que nada têm de ilusório. A autobiografia se inscreve no campo do conhecimento histórico (desejo de saber e compreender) e no campo da ação (promessa de oferecer essa verdade aos outros), tanto quanto no campo da criação artística. É um ato que tem consequências reais. (Lejeune, 2008, p. 104)

Nessa obra, Lejeune tem como objetivo estabelecer uma definição do gênero autobiográfico frente a outros gêneros literários com espaço já reservado nesse campo de estudos. Evidentemente, não nos interessam aqui os aspectos formais de sua definição, que partem de reflexões sobre pessoas gramaticais e modelos narrativos. Entretanto, do ponto de vista da produção social da escrita, seu conceito de *contrato* estabelecido entre o autor e o leitor nos parece interessante. Nesse caso, o teórico é taxativo: "A autobiografia não é um jogo de adivinhação, mas exatamente o contrário disso. [...] O essencial [é] o que propus chamar de *pacto autobiográfico*" (Lejeune, 2008, p. 30, grifo do original). Segundo ele, o pacto é precisamente a relação estabelecida pela identidade do *nome* (autor-narrador-personagem). É quando essas três condições variantes se encontram numa única voz. Assim, "o pacto autobiográfico é a afirmação, no texto, dessa identidade, remetendo, em última instância, ao nome do autor, escrito na capa do livro" (Lejeune, 2008, p. 30).

As autobiografias de escravizados traziam na folha de rosto não somente o nome do autobiografado na condição de autor (comumente na parte inferior da capa), como geralmente os inseriam no próprio título, seguido por *narrated/ written by himself* [narrado/escrito por ele mesmo], como em *The Life of Josiah Henson, Formerly a Slave, Now an Inhabitant of Canada, as Narrated by Himself* [A vida de Josiah Henson, antes um escravo, agora um habitante do Canadá, como narrado por ele mesmo], de 1849 (figura 5). A identidade do *nome* era estabelecida de forma explícita, não deixando dúvidas a respeito do tipo de texto que se apresentava. Lejeune discute também o chamado *espaço autobiográfico*, que confere ao pacto uma solidez histórica. Nesse caso,

> [...] se a autobiografia é um primeiro livro, seu autor é consequentemente um desconhecido, mesmo se o que conta é a sua própria história: falta-lhe, aos olhos do leitor, esse signo de realidade que é a produção anterior de *outros textos* (não biográficos), indispensáveis ao [...] "espaço autobiográfico". (Lejeune, 2008, p. 27, grifo do original)

Em alguns casos, os autores de autobiografias publicaram não somente uma, mas várias narrativas ao longo da vida. É o caso de Frederick Douglass, que chegou a publicar três livros: *Narrativa da vida de Frederick Douglass,* em 1845; *My Bondage and my Freedom* [Minha servidão e minha liberdade], em 1855; e *The Life and Times of Frederick Douglass* [A vida e a época de Frederick Douglass], em 1881. Para Douglass, que também publicava artigos no jornal abolicionista *North Star,* o espaço autobiográfico estava já consolidado, nos termos de Lejeune. Mas sua experiência não foi comum, uma vez que a maior parte dos autores publicaram apenas uma autobiografia. Entretanto, acredito que a noção do teórico francês possa ser ampliada no caso em tela. Ao contrário da definição de Lejeune, o emprego da noção de *espaço* deve compreender o conjunto das autobiografias de escravizados publicadas ao longo do tempo precedente em relação ao texto que se analisa.

Assim, os relatos publicados desde fins do século XVIII constituíram um repertório comum a esses textos, que, não raras vezes, citavam uns aos outros, explícita ou implicitamente. Por outro lado, a recorrência das autobiografias de escravizados, ao longo do tempo, consolidou seu espaço de leitura, compartilhado por várias gerações. A *verdade histórica* encontrava a *verdade retórica* em um único exemplar, ou no conjunto das narrativas, que acabaram por se tornar uma tradição de escrita que, mais tarde, informaria a própria constituição do que seria chamado de literatura afro-americana.[32] O alcance, o conteúdo e o poder dessa retórica são o tema do capítulo seguinte.

---

[32] Como afirma Smith (1991), na introdução.

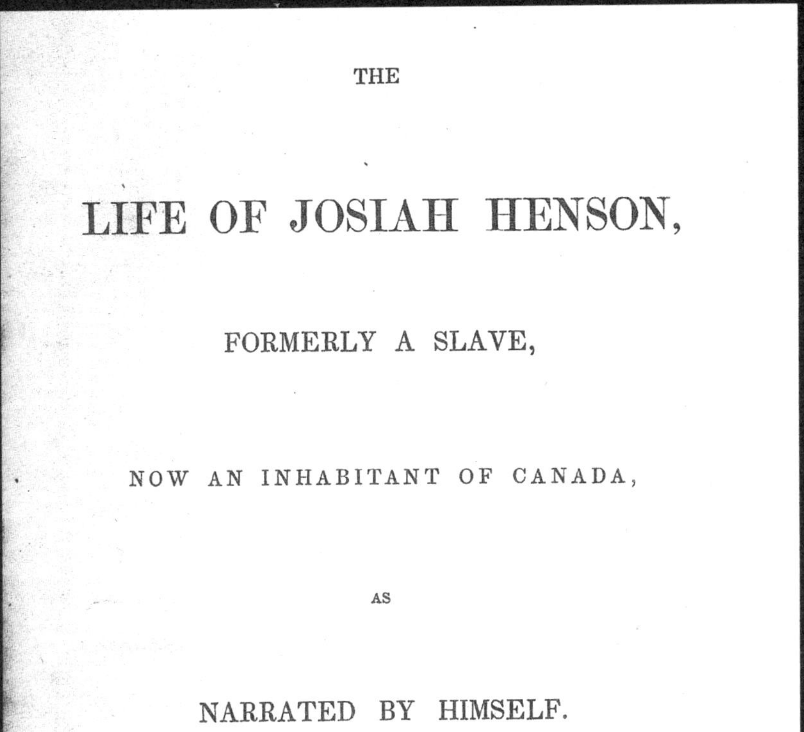

THE

LIFE OF JOSIAH HENSON,

FORMERLY A SLAVE,

NOW AN INHABITANT OF CANADA,

AS

NARRATED BY HIMSELF.

BOSTON:
ARTHUR D. PHELPS.
1849.

Figura 5 Folha de rosto de Henson (1849).

3
Áfricas e a Passagem do Meio

O conteúdo das autobiografias de escravizados e libertos se define, desde fins do século XVIII, por aquilo que é compartilhado entre seus autores. Referências às regiões de origem, na África, à experiência da travessia e à vida no cativeiro tornam esses textos um conjunto que pode ser lido como *memórias da escravidão e da liberdade*. Entretanto, não se trata de um *corpus* textual homogêneo. A forma e o modo como narraram suas trajetórias, as escolhas que fizeram e, sobretudo, as conclusões a que chegaram ao fim dos relatos diferem uns dos outros e nos apresentam divergências que são ricos materiais para a reflexão histórica.

Essas clivagens representam, também, a própria diversidade de situações a que estiveram submetidos os autores. Equiano e Baquaqua, por exemplo, oferecem aos leitores muitas e riquíssimas informações sobre a vida e os costumes das sociedades africanas de onde foram retirados à força para incrementar o tráfico de africanos. Esse conteúdo não esteve disponível a Harriet Jacobs ou Solomon Northup, nascidos já em território estadunidense. Ainda que pudessem recorrer às memórias de seus pais e ancestrais, suas autobiografias elaboram o retrato de sujeitos nascidos na condição de escravizados, em sociedades escravistas. Desse modo, as diferentes narrativas acabam por evidenciar a diversidade de experiências possíveis nessas sociedades e não limitam agências que foram contingentes.

Neste capítulo, apresento e discuto o conteúdo elaborado nas autobiografias a partir de duas entradas diferentes: as visões sobre a África e a experiência do tráfico. Por meio desse exercício, entendido como um *ato de leitura*, procuro evidenciar a profunda relação entre a experiência vivida e a narrativa autobiográfica.

ÁFRICA VIVIDA, ÁFRICA IMAGINADA

Quando as autobiografias de escravizados começaram a ser publicadas, inicialmente de modo tímido, no último quarto do século XVIII, depois numa velocidade e profusão de títulos cada vez maiores ao longo do século XIX, as dimensões do continente africano eram já conhecidas pelos europeus, ou, de modo mais preciso, a costa africana já havia sido quase toda navegada por navios portugueses, holandeses e britânicos. Como veremos mais à frente, havia muito que europeus e africanos se envolviam mutuamente em relações comerciais, e o conhecimento das rotas marítimas não era novidade, sobretudo para os últimos. Desse modo, se pensarmos em termos de representação, a África já ocupava a imaginação de brancos às margens do Atlântico no período em questão.

Como afirmou Alberto da Costa e Silva, "aos gregos, etruscos, cartagineses e romanos não eram estranhos os negros" (Costa e Silva, 2012, p. 9). Desde a Antiguidade europeia, as populações africanas foram descritas, no geral, por meio do fantástico e do mágico, como pessoas com poderes sobrenaturais ou inumanos. O português frei João dos Santos, por exemplo, um típico dominicano seiscentista, descreveu em *Ethiopia oriental e varia historia de cousas notaveis do Oriente*, publicado em 1609, a fisionomia dos homens e mulheres que conheceu enquanto atuou como missionário em Moçambique (Santos, 1999). Ao leitor do relato de viagem, nada há de espantoso: o tom curioso do frei revela o olhar característico europeu para outros povos naquele momento. Entretanto, o que chama a atenção é que, ao ser informado de que nas regiões que ele chamou de "etíopes" havia homens com a capacidade de amamentar crianças, o frei não manifestou qualquer suspeita; pelo contrário, afirmou que o evento era não só verdadeiro, como ainda esperava encontrar essa espécie de homens.

Se os homens africanos, segundo o frei, podiam amamentar, para o capitão português seiscentista António de Oliveira de Cadornega (1940) eles podiam se transformar em leões. Mas talvez um dos mitos mais persistentes a respeito da composição corpórea dos africanos tenha sido aquele reiterado, entre outros, pelo naturalista francês Francis de Laporte de Castelnau, segundo o qual existiam "tribos" do continente profundo formadas por homens com rabo, ou com rabo e cabeça de cão. Sua busca pela localização dessas tribos, que expressa sua quase completa credulidade em relação a elas, levou-o até a Bahia, onde, em 1851, realizou uma série de entrevistas com escravizados, publicadas sob o título *Informações sobre a África Central e sobre uma nação de homens com rabo que nela se encontraria, conforme o relato de negros do Sudão, escravos da Bahia* (Castelnau, 2006). A primeira vez que essa história veio a lume foi certamente com o manuscrito *Esmeraldo de situ orbis*, de 1506, do português Duarte Pacheco Pereira (1988). Note-se a antiguidade do contrassenso.

Se essas são as Áfricas imaginadas por sujeitos brancos que viajaram ao continente, outras são aquelas concebidas por quem nunca lá pisou e dela só recebeu notícias. É o caso do italiano Cesare Ripa, estudioso de arte que publicou o tratado *Iconologia*, em 1593. O livro consistia num amontoado de emblemas sobre lugares, sentimentos e traços de caráter, entre outros elementos, que registravam o clima visual e o imaginário iconográfico de seu tempo. Anos depois, em 1603, o livro ganharia uma nova versão, acompanhada por xilogravuras de tom alegórico. Nessa edição, Ripa descreve as quatro partes ou quatro cantos do mundo conhecido de então: Europa, América, Ásia e África. Essa ordenação do mundo era comum no período. Para cada continente, o autor criou uma alegoria, representada pela figura de uma mulher — o que também era recorrente. A mulher negra que representa o continente africano está com os seios à mostra, segura com a mão direita um escorpião, enquanto com o braço esquerdo carrega uma cornucópia. A seus pés, vemos um leão e serpentes, remetendo a uma paisagem abrasiva e selvagem (figura 6). Ripa nunca esteve em terras africanas, mas que outra visão o continente africano poderia suscitar ao olhar europeu seiscentista do artista? Ripa certamente era informado pelos registros exagerados ou distorcidos dos viajantes do período.

Uma terra tomada por selvagens numa relação quase simbiótica com o mundo da natureza significava, para muitos, a ausência da fé cristã e a completa entrega às artes do diabo. O já citado capitão António de Cadornega, por exemplo, foi enfático ao observar os costumes de um rei da região de Angola:

> Os seus costumes de idólatras seguindo os ritos gentílicos na invocação do diabo, rendendo-lhes adorações e obséquios, como a seu Deus, adorando ídolos de sua invocação, impetrando seus diabólicos favores para remédio de suas enfermidades com toda a disformidável de sua gentilidade de que era rei e senhor [...]. (Cadornega, 1940, p. 54)

Figura 6 *Afrika* [África]
(Ripa, 2002, p. 108-9).

O continente africano, assim, ora era o lugar do impensável, manifesto pelas mutações do corpo humano — que poderiam denotar a não humanidade dos seus povos —, ora era o lugar do mal encarnado. Embora as paisagens fossem quase sempre destacadas em termos edênicos, a constituição humana e cultural era compreendida de forma negativa.

Outras Áfricas, e aqui aquelas que mais nos interessam, foram imaginadas pela população negra na condição escravizada. Como demonstra Ira Berlin (2006), a primeira geração de africanos escravizados nos Estados Unidos atuou como intermediária entre o mundo de onde foi forçosamente retirada e aquele que deveria compulsoriamente construir. Chamados pelo autor de *crioulos atlânticos*, esses sujeitos, além de serem astutos negociantes, foram também construtores de uma "língua franca de contato" que os permitia conversar com todos (Berlin, 2006, p. 39). A destreza linguística, a maleabilidade cultural e a agilidade social foram acrescidas pelas vivas memórias de suas regiões de origem, que, a despeito da extrema brutalidade da exploração do trabalho a que os escravizados estavam submetidos — ou em função dela —, foram produtos de reelaboração cotidiana.

As autobiografias publicadas a partir de 1770 inscrevem essas memórias e cunham também as suas representações da África, conferindo-lhes um caráter de veracidade constantemente flexionado pelas narrativas escravas. O cuidado que devemos ter neste momento é não tomar como simplesmente opostas as representações correntes do período, como demonstrei anteriormente, àquelas presentes nos relatos e memórias de escravizados. Do contrário, retornaremos ao modelo que estabelece o conteúdo das autobiografias como fundado no estatuto da verdade, por se tratarem de narrativas em primeira pessoa. Isso significa que também nesses textos o que temos são *Áfricas imaginadas*, que, entretanto, são constituídas sob o escrutínio da experiência vivida, constantemente posta à prova.

Das autobiografias escritas por africanos que passaram pela experiência do tráfico, todas começam com descrições dos territórios de origem. Por vezes, os títulos dos capítulos iniciais são explícitos quanto aos conteúdos, como em "O relato do autor sobre seu país, suas maneiras e costumes", primeiro capítulo da autobiografia de Olaudah Equiano (1789, p. 1), ou em "A face do país, solo, clima, leis e costumes peculiares a este país", advertência inicial do primeiro capítulo da narrativa de Jeffrey Brace, também chamado de Boyrereau Brinch (Brinch & Prentiss, 1810, p. 11). Em outros casos, o capítulo não possui título, mas é iniciado com uma breve sumarização do conteúdo apresentado, com o intuito de conduzir a leitura e facilitar a organização dos assuntos.

De modo geral, a origem dos autores africanos das autobiografias é a costa ocidental do continente, onde estiveram localizados muitos dos principais portos de embarque do comércio atlântico de escravizados (mapa 1). Note-se que, para o caso do Caribe e dos Estados Unidos, os portos ocidentais da África possuem um grande fluxo de embarque. Ao desembarcarem na América, esses sujeitos eram classificados sob categorias étnicas que não representavam suas origens reais, o que ocorria muitas vezes em função de compreensões equivocadas, motivadas pela confusão entre as sociedades de onde esses sujeitos provinham e os portos de onde saíram para o tráfico atlântico. Por essa razão, muitas autobiografias se dedicaram a explanar com cuidado sobre o espaço geográfico e cultural das sociedades africanas afetadas pelo tráfico.

Os dois volumes da autobiografia de Equiano, por exemplo, totalizam doze capítulos, dos quais o primeiro é inteiramente dedicado à descrição de sua terra natal, o que é feito

Mapa 1 Visão geral do tráfico de escravos partindo da África, 1500-1900 (Eltis & Richardson, 2010).

EUROPA

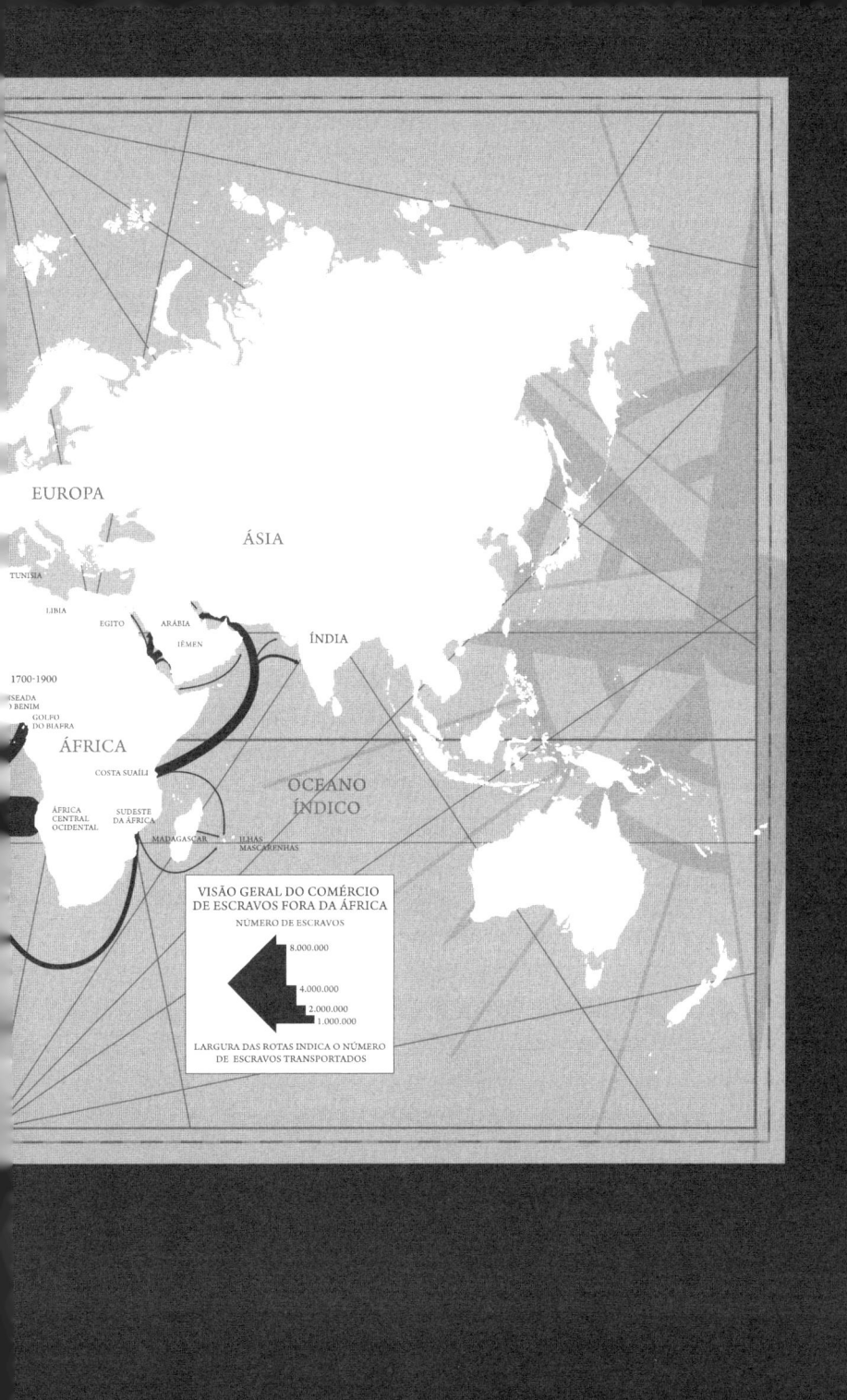

ÁSIA

TUNÍSIA

LÍBIA

EGITO ARÁBIA

IÊMEN

ÍNDIA

1700-1900

SEADA
BENIM
GOLFO
DO BIAFRA

ÁFRICA

COSTA SUAÍLI

OCEANO
ÍNDICO

ÁFRICA
CENTRAL
OCIDENTAL

SUDESTE
DA ÁFRICA

MADAGASCAR

ILHAS
MASCARENHAS

**VISÃO GERAL DO COMÉRCIO
DE ESCRAVOS FORA DA ÁFRICA**
NÚMERO DE ESCRAVOS

8.000.000

4.000.000

2.000.000
1.000.000

LARGURA DAS ROTAS INDICA O NÚMERO
DE ESCRAVOS TRANSPORTADOS

também em parte do segundo, que avança sobre a travessia do Atlântico. Nesses segmentos, Equiano demonstra preocupação em situar o leitor no mapa que estabelece ao descrever a localização geográfica de sua terra natal. Para isso, apresenta nomes já conhecidos no Ocidente escravista, como a costa do Benin, região portuária por onde se escoou grande quantidade de africanos para o tráfico. Sua preocupação inicial é descrever o cenário geral no qual se desenvolve a narrativa, mas não só. Em meio a nomes de regiões, rios e aldeias, Equiano propõe aquele que enxergo como seu primeiro jogo de ironia:

> Acredito que há poucos eventos na minha vida que não tenham acontecido a muitos: é verdade que os incidentes são numerosos; se eu me considerasse europeu, poderia dizer que meus sofrimentos foram grandes, mas, quando comparo minha sorte à da maioria dos meus compatriotas, considero-me um favorito do Céu e reconheço as misericórdias da Providência em cada ocorrência da minha vida. (Equiano, 1789, p. 3-4)

Ao considerar a possibilidade hipotética de ser um europeu, Equiano revela a contradição evidente entre duas condições de existência em quase tudo diferentes: a do sujeito em cativeiro e a daquele que vive em liberdade. Atesta, não implicitamente, que aos seus *compatriotas* está reservada uma vida de sofrimento. E, por fim, baliza a diferença entre ele mesmo, um "favorito do Céu", e a maior parte dos outros africanos sequestrados para a escravidão. Equiano não era, faticamente, um europeu, e talvez nunca pudesse sê-lo. Não apenas porque foi levado como escravo para o Sul dos Estados Unidos, mas porque sua estada em Londres, muito tempo depois dos acontecimentos narrados no começo de sua autobiografia, jamais pôde ser chamada de *harmoniosa*.

Os sentimentos de pertencimento podem ser fluidos, mas as chancelas sociais, etnicamente estabelecidas, não abriam margens para ambiguidades tão evidentes.[33] Entretanto, sugerir a possibilidade de um europeu vivenciar sua experiência e, por isso, denunciar o absurdo da circunstância era uma forma de desestabilizar essas fronteiras, provocar o leitor a encarar os elementos de humanidade tantas vezes negados aos africanos. Ao colocar um europeu alegórico ao lado de um africano alegórico, o que fez foi aproximá-los nestes termos: um está para o outro, e ambos sofrem, ainda que de modos perceptivelmente diferentes.

O leitor atento à narrativa, a partir desse momento, continua a leitura, conhecendo a "África" apresentada pelo autor do relato. Segundo Equiano, sua terra natal era socialmente organizada de modo complexo, com variados graus hierárquicos ocupados por nascimento. Ele mesmo era filho de um ancião, que havia recebido uma espécie de marca que atestava seu lugar na sociedade. Equiano descreve, de modo detalhado, a realização dessa marca, uma escarificação na testa, e informa que ele também a teria recebido caso não tivesse sido sequestrado antes da idade determinada para tais rituais (Equiano, 1789, p. 4). A escravidão era prevista, segundo ele, como punição para crimes, dos quais o adultério era considerado um dos piores. Equiano descreve uma situação na qual uma mulher foi denunciada como adúltera, tendo sido levada à presença do rei e dos juízes — dentre os quais, o seu pai (Equiano, 1789, p. 7). A decisão, embora a pena capital fosse prevista para o crime, foi que a mulher deveria ser levada para seu marido, que se responsabilizaria pela punição que julgasse melhor para a constituição

---

33 Sobre as condições de vida de africanos e negros na Inglaterra, ver Fryer (1984) e Myers (1996).

familiar da qual era o chefe. Como era de esperar, o homem optou pela morte da esposa, que, em desespero, anunciou que estava grávida. Como o prolongamento da linhagem era algo de extrema importância para a aldeia, a mulher foi poupada. Mas Equiano (1789, p. 7) não hesitou em reforçar a ideia: a "honra do leito conjugal é sagrada".

Algo parecido é narrado por Baquaqua, nascido ao norte do Benin por volta de 1824:

> Eu me lembro de um indivíduo que foi severamente punido por esse crime. O irmão do rei tinha várias esposas, uma das quais era suspeita de adultério. Os dois [a esposa e o amante] foram trazidos diante do rei — eu estava com ele na ocasião. O rei me mandou pegar uma corda, com a qual os braços do homem foram atados atrás das costas, então passaram um pau pela corda, que havia sido molhada para encolher, e a torceram até que o pobre foi forçado a confessar sua culpa, sendo em seguida desatado e entregue como escravo. A mulher não recebeu outro castigo além de testemunhar a tortura infligida ao seu culpado amante. (Baquaqua, 1854, p. 32)

O tema se repete ainda nas autobiografias de Venture Smith (1789, p. 17) e Jeffrey Brace (Brinch & Prentiss, 1810, p. 9). A constância das descrições de punição para crimes de adultério, em diferentes regiões da África Ocidental, pode ser um recurso de aproximação com a ética cristã, que vê a prática de modo igualmente proibitivo. Mas alguns estudos afirmam a importância que o regulamento assumia para algumas sociedades africanas. A punição mais recorrente, de fato, era a escravização, que possuía um papel central na organização de algumas sociedades. Para o historiador John Thornton (2004, p. 125), "foi a ausência de propriedade privada de terras — ou, para ser mais preciso, foi a propriedade corporativa da terra — que levou a escravidão a ser tão difundida na sociedade africana". Isso ocorria porque, não sendo a terra taxada, os tributos eram recolhidos de acordo com o número de pessoas, ao mesmo tempo que essas tributações não se resumiam apenas às atividades monetárias, mas incluíam também direito ao trabalho e a serviços (Thornton, 2004, p. 128-9). Desse modo, o regulamento das relações matrimoniais, a coerção proibitiva de práticas de adultério e as diferentes punições aplicadas, dentre as quais a mais comum era a escravização, acabavam por compor um sistema de reprodução da ordem de taxação das pessoas, perante à propriedade corporativa da terra.

Equiano, Baquaqua, Smith e Brace, ao destacarem esses elementos, acabavam por atribuir às sociedades nas quais nasceram e viveram seus anos iniciais um sentido de organização social que se contrapunha às visões então correntes, que viam os povos africanos como massas desgovernadas, nas quais estavam ausentes quaisquer elementos minimamente possíveis de serem aproximados às próprias sociedades ocidentais.

Jeffrey Brace descreve com cuidado a organização social de sua aldeia. Embora aponte o rei como uma figura absoluta, de poder ilimitado, destaca o papel assumido pelo grau mais alto da nobreza, que em momentos específicos era chamado para compor o grande conselho real, que se reunia com frequência irregular (Brinch & Prentiss, 1810, p. 17). Em relação aos crimes e às respectivas punições, relata que pequenos delitos eram punidos com chibatadas. Novamente o adultério é o tema central desse tópico, que também inclui a traição política como crime grave. Em relação a essa última, tanto o rei como a nobreza e os altos cargos militares interrogavam seus subordinados, procurando pelo menor indício de traição. Em casos nos quais se descobria o delito, o traidor era executado publicamente, depois de ser chicoteado diante de seus iguais. Para Brace, esses aspectos resumem práticas que se convertem "em uma investigação completa, justa e sincera" (Brinch & Prentiss, 1810, p. 18).

Podemos supor que o objetivo desses autores, ao apresentar informações detalhadas de suas sociedades, não era apenas fazer conhecer ou expor indistintamente costumes e modos de ser; seu intuito parece ser evidenciar o alto grau de organização dessas comunidades. Esse fator, ao longo do relato, contribuía para a construção de uma visão negativa da escravização, responsável pela desestruturação de uma sociedade inteira e complexa. Do mesmo modo, o cuidado em distinguir os diferentes povos e regiões se contrapunha à tendência corrente de tomar os africanos como um conjunto homogêneo de populações dispersas em regiões desconhecidas ao olhar europeu e ocidental.

Em relação a essas regiões, muitas vezes os autores cuidam meticulosamente das descrições, de modo que o leitor possa vislumbrar, com a maior facilidade possível, uma paisagem que lhe é em quase tudo ignorada. Assim, certos pontos geográficos são apontados com tamanha precisão e qualidade descritiva que acabam por revelar um possível processo de pesquisa empreendido pelo autor para conferir acuidade ao texto, como é o caso de Brace:

> [...] o reino de Bow-woo [...] se situa entre 10 e 20 graus de latitude norte, e entre os graus 6 e 10 de longitude oeste [...]. Obtivemos, de fato, alguns conhecimentos sobre o rio Neboah, ou Níger, que corre através desse domínio fértil. *De acordo com o relato da* Geografia universal *de Morse*, esse rio é um dos mais longos do mundo. Diz-se ser navegável por navios de qualquer tamanho, ao longo de mais de 1.500 milhas. (Brinch & Prentiss, 1810, p. 11-2, grifo meu)

De modo recorrente, Brace pontua sua narrativa com informações retiradas de outras obras, especialmente de livros que carregam a chancela da ciência, como é o caso do geógrafo que cita para dar substância a sua descrição. Mas, quando esses atributos estão ausentes, o intuito revela menos a procura pela veracidade do que é narrado e mais a autenticidade do que é inscrito. Muitas vezes, o tom de incerteza e desconhecimento em relação à amplitude de determinada sociedade ou das fronteiras de determinada região é utilizado como uma ferramenta retórica, que produz no leitor a sensação de ler não uma autobiografia, mas um diário, como se o conteúdo narrado tivesse sido inscrito no calor do evento.

As constantes inflexões da narrativa, que abrem brechas para o registro das ponderações ora do momento presentificado, ora do autor que escreve *a posteriori*, estabelecem-se como espaços de negociação com o leitor. Com isso quero dizer que são nas ocasiões em que o autor reflete sobre os significados da experiência vivida ou atribui a ela perspectiva analítica que as Áfricas imaginadas se encontram com as Áfricas vividas. O melhor exemplo disso quem nos dá é Baquaqua, ao se referir ao tema religioso. Escrevendo seu relato quando já convertido ao cristianismo, defende a seguinte opinião:

> A África é rica em tudo (menos em conhecimento). Falta a sabedoria do homem branco, mas não seus vícios. Falta a religião do homem branco, porém muito mais o espírito da verdadeira religião, como a Bíblia ensina, "amor a Deus e amor ao próximo". Quem irá à África? Quem levará a Bíblia para lá? E quem ensinará ao pobre africano as artes e as ciências? Quem fará tudo isso? Que seja pronta a resposta, que esteja cheia de vida e energia! (Baquaqua, 1854, p. 62)

Novamente, não cabe julgar a sinceridade do autor ao escrever essas palavras. O que importa é que Baquaqua, sendo cristão, escreveu para outros cristãos como ele. Sua narrativa teve de ser palatável para esse público; do contrário, seus objetivos, entre os quais a divulgação de suas experiências, não se concretizariam. Baquaqua, assim como os demais autobiografados, negociaram nos termos possíveis: utilizaram a matéria social como matéria-prima de suas narrativas. Assim, a continuação de seu relato passa a ser compreendida nos termos dessa negociação:

> Que se cumpra o mandamento do Redentor: "Ide vós pelo mundo e pregai o Evangelho". Salvai todos os que estão morrendo por falta de conhecimento, pela falta daquele conhecimento que tendes vós o poder de dar. Não mais hesitai, pois é chegada a hora, a hora certa, "vem a noite quando nenhum homem pode trabalhar", e o dia (nosso dia) está rapidamente se desvanecendo. Oh, amigos cristãos, levantai-vos e executai a obra. (Baquaqua, 1854, p. 62)

O chamamento aos cristãos para que levassem conhecimento aos africanos era também uma exaltação dos princípios morais que regem a vida religiosa de um cristão, entre os quais o amor ao próximo, que Baquaqua cita como uma convocatória ao leitor. A diferença quase que hierárquica estabelecida entre o africano e o branco cristão não foi, entretanto, a regra do relato de Baquaqua; em muitos outros momentos, quando diversifica os temas, ele destaca as semelhanças entre as *nações* africanas e as ocidentais — por exemplo, quando fala das constantes guerras entre povos inimigos que deixavam vastas regiões completamente devastadas. "Isso, infelizmente, tem sido frequente não só na África, mas em todas as partes onde luta sangrenta se trava"

(Baquaqua, 1854, p. 54). Ainda sobre esse assunto, Baquaqua chega a inverter a ordem das coisas:

> Que estranho que nações que se orgulham de ser governadas pelo Iluminismo e pelo poder do glorioso Evangelho de Cristo possam se engajar corpo a corpo em tais cenas de carnificina e destruição. Como podem nações cristãs pensar no êxito de sua missão de converter o pagão quando, em suas próprias casas, divergem tanto das belas verdades expostas no livro sagrado? (Baquaqua, 1854, p. 54)

Conquanto sejam reiteradas as visões de uma África não civilizada e dominada pelo paganismo — associado à ingenuidade dos povos — em nome da exaltação da fé cristã, outras concepções são questionadas e reelaboradas, como é o caso do termo *nação*, que, como veremos no capítulo 4, era largamente utilizado para se referir às aldeias de onde foram retirados à força os autores das autobiografias. Assim, também foram comuns visões de uma África fundada na harmonia e na paz social, baseada numa quase pureza bruscamente interrompida pelo tráfico negreiro. Sobre isso, Equiano diz:

> Espero que o leitor não se impaciente se me apresento relatando algo dos usos e costumes do meu país. Eles foram implantados em mim com muito cuidado e ficaram impressos em minha mente, de modo que o tempo não poderá apagá-los, sendo que toda a adversidade e as variações de sorte que tenho experimentado desde então serviram apenas para reforçá-los. [...] Eu ainda olho para trás com prazer, para as primeiras cenas da minha vida, embora esse prazer, em sua maior parte, tenha se misturado com tristeza. (Equiano, 1789, p. 46)

Essas diferentes concepções sobre a África não concorriam entre si. Pelo contrário, formavam um conjunto narrativo que permitia aos autores reivindicar a empatia, ou ao menos a compaixão, do leitor. De algum modo, as Áfricas vividas eram também imaginadas. Ao manifestar ao leitor a legitimidade da biografia vivida na África, os autores das autonarrativas reivindicavam a própria humanidade, que era logo colocada à prova pelas agruras do cativeiro. Nesse sentido, nenhum outro tema foi tão sensivelmente abordado pelas autobiografias de africanos quanto o tráfico negreiro e a travessia do Atlântico. É como se a um período de harmonia e paz — ou, mesmo que não fosse assim, a uma experiência de sociedade extremamente organizada — vivido na África se contrapusessem o terror e o espanto do navio negreiro, o seu mais imediato oposto. Nessas descrições nos deteremos com mais atenção a seguir.

MEMÓRIAS DA TRAVESSIA

> O batuque das ondas
> Nas noites mais longas
> Me ensinou a cantar [...]
> Dor é o lugar mais fundo
> É o umbigo do mundo
> É o fundo do mar.
> — Roberto Mendes & Capinam,
>   "Yá Yá Massemba"

Depois de dias e dias de uma cansativa e turbulenta viagem por terra, um jovem príncipe da família real de Bornu finalmente se sente regojizado, avistando ao longe os vultos do que era o Forte de Elmina, na Costa do Ouro. Era 1730.

O garoto, que àquela altura tinha pouco menos de dez anos, havia atravessado mais de mil milhas, quase dois mil quilômetros, na companhia de um mercador de marfim e de outro homem, esse último de origem desconhecida. Ao longo da viagem, realizada em camelos, o pequeno rapaz havia se surpreendido com as diferentes paisagens: montanhas altas e inacessíveis como mármore, que brilhavam feito ouro em contato com a luz do sol, e um vale "indescritivelmente belo" (Ukawsaw Gronniosaw & Shirley, 1770, p. 6). Mas o caminho não foi de todo prazeroso. Por diversas vezes, o homem que acompanhava o comerciante tentou se virar contra o garoto. Primeiro, sugeriu ao mercador que o jogasse num buraco profundo, a fim de que ele não atrapalhasse os planos da viagem. Tendo o comerciante relutado em concretizar o assassinato, o outro tentou afogar o menino, lançando-o num rio que cruzava o caminho. "Mas o comerciante não consentiu, de modo que fui poupado" (Ukawsaw Gronniosaw & Shirley, 1770, p. 6). As razões que explicavam o cuidado do homem em relação à sobrevivência do garoto ainda eram desconhecidas por esse último. A confiança do menino em relação ao comerciante era fundada nas promessas que lhe foram feitas quando ainda estava em Bornu: "Ele me disse que, se eu fosse com ele, veria casas com asas que caminham sobre a água e também veria os homens brancos; e que ele tinha muitos filhos da minha idade, que poderiam ser meus companheiros" (Ukawsaw Gronniosaw & Shirley, 1770, p. 5). Como demonstrava grande inquietação e insatisfação com a vida que levava, o menino se sentiu atraído pela proposta, e, depois de algumas discussões, sua família decidiu permitir a viagem. No momento da despedida, ele sentiu mesmo uma imensa tristeza, mas pensou novamente nas promessas e se lembrou de que o comerciante "acrescentou a tudo isso que me traria de volta a salvo, em breve" (Ukawsaw Gronniosaw & Shirley, 1770, p. 5).

Com essas lembranças ainda vívidas em sua memória, aguentar a viagem, por mais difícil que fosse, era suportar um mal que findaria com a chegada ao destino final, onde tantas maravilhas poderiam ser vistas. E vividas: ao chegar ao Forte de Elmina, o garoto foi recebido por nativos com grande estardalhaço e manifestações de felicidade. Inicialmente, ele não compreendeu o que se passava e se assustou com o inesperado. Mas logo foi informado pelo comerciante que aquela era a recepção a que um nobre tinha direito, sendo ele membro da casa real de Bornu. A roda da fortuna do jovem rapaz, entretanto, girava rápido demais. Mal havia sentido o prazer de ser bem recebido, dois dos filhos do comerciante vieram lhe avisar que seria assassinado pelo rei no dia seguinte, de modo que deveria fugir o quanto antes.

"Fui logo informado de que o rei imaginava que eu havia sido enviado por meu pai como espião e levaria para casa tantas descobertas que nos dariam grandes vantagens numa guerra" (Ukawsaw Gronniosaw & Shirley, 1770, p. 8). A desconfiança do rei, provavelmente um monarca axânti, advinha da experiência de seu povo, que havia passado por séculos de ocupação europeia. O território da Costa do Ouro era conhecido devido à abundância do metal precioso. Desse modo, o interesse de estrangeiros não era uma novidade, e a história daquela terra era rodeada de conflitos e ocupações empreendidas por outros povos. A "visita" de um príncipe do reino de Bornu causava, assim, grande desconforto ao rei. No dia seguinte, o menino foi levado ao palácio e encontrou o monarca sentado num trono elevado, rodeado de soldados, a cerca de trezentos passos de distância.

> Fui conduzido por meu amigo, o comerciante, até metade do caminho; em seguida, ele não se atreveu a continuar: eu fui até o rei sozinho — e fui com destemida coragem, o que agradou a Deus, que amoleceu o coração do rei, que polia uma cimitarra, pronto para me decapitar, mas, deixando-se afetar grandemente, jogou-a [a arma] para longe, tomou-me sobre seu joelho e chorou por mim. (Ukawsaw Gronniosaw & Shirley, 1770, p. 8)

O rei, compadecido pela coragem do menino, decidiu que ele não morreria, mas seguiria sem voltar para casa. A solução, embora trágica, não era nada surpreendente para aquele momento: o rapaz seria vendido como escravo. No dia seguinte, o comerciante o levou até um brigue francês, mas o capitão da embarcação não quis comprá-lo, alegando que o menino era pequeno demais. O comerciante, que nesse momento já era "dono" do menino, embora esse último não compreendesse de todo o fato, temia não conseguir vendê-lo, o que poderia significar a morte da criança pelas mãos do rei. Alguns dias depois, repetindo a tentativa, o comerciante o levou até um navio holandês recém-chegado ao porto. Com medo de que novamente não fosse vendido, e temendo sucumbir diante do rei, o menino agiu: "Assim que vi o capitão holandês, corri para ele e coloquei meus braços ao seu redor, dizendo: 'Pai, salva-me'" (Ukawsaw Gronniosaw & Shirley, 1770, p. 9). Mesmo sem entender o que o garoto havia dito — ele falou em sua língua nativa —, o capitão se apiedou e o comprou, pagando ao comerciante. Assim começou mais uma viagem, dessa vez no mar, na embarcação holandesa.

Inicialmente enjoado pelo movimento do brigue, o garoto logo se acostumou com a condição em que se encontrava e, aparentemente, circulou pela embarcação, o que difere sua experiência de outros tantos milhares de mulheres e homens africanos transportados. É possível presumir que aquele não era um navio negreiro, mas uma embarcação que transportava mercadorias, como ouro. O menino parecia demonstrar forte admiração pelo capitão, principalmente por seu comportamento religioso e seu caráter cristão.

Aos sábados, o holandês costumava ler em voz alta trechos da Bíblia, o que não era completamente compreendido pelo jovem. Sem conhecer a linguagem escrita, o menino imaginava que o objeto — o livro — falava diretamente ao capitão e achava isso surpreendente. Certo dia, observou o capitão guardar o livro num recinto da embarcação e, às escondidas, tentou ele mesmo "ouvir" o que o objeto tinha a lhe dizer: "Eu o abri e coloquei minha orelha perto dele, na grande esperança de que ele me dissesse algo, mas fiquei muito triste e decepcionado quando percebi que ele não falaria, e este pensamento se apresentou imediatamente a mim: todos os corpos e todas as coisas me desprezavam porque eu era negro" (Ukawsaw Gronniosaw & Shirley, 1770, p. 10). Decepcionado consigo mesmo, o garoto acreditava que o livro não "falaria" com ele por ser negro, o que evidencia a percepção de sua condição em relação aos demais. Essa viagem, como a anterior, também teve seu fim: ao chegar em Barbados, então uma colônia britânica, o menino foi vendido por cinquenta dólares a um jovem de nome Vanhorn e posteriormente levado para Nova York, onde viveu pelas décadas seguintes na condição de escravizado. Essa história poderia terminar aqui, e então seria apenas o começo de uma trajetória que poderíamos apenas imaginar, pelo conhecimento a respeito da escravidão a que se pode recorrer e devido a uma vasta historiografia sobre o tema. Entretanto, o que aconteceu com o menino após a chegada a Nova York foi trazido ao conhecimento de gerações de leitores por sua própria voz.

O menino possui um nome: Ukawsaw Gronniosaw; mais tarde, foi batizado como James Albert. Sua autobiografia, *A Narrative of the Most Remarkable Particulars in the Life of James Albert Ukawsaw Gronniosaw, an African Prince, as Related by Himself* [Uma narrativa dos elementos mais notáveis da vida de James Albert Ukawsaw Gronniosaw, um príncipe africano, como relatado por ele mesmo], foi publicada em 1770 na Inglaterra, quando ele tinha por volta de cinquenta anos e já estava liberto. Por esse motivo, é importante que a obra seja lida como um texto em que se encontram temporalidades diversas. Isso pode ser evidenciado em alguns trechos, ao passo que, em muitos outros, esse dado não salta aos olhos, ainda que seja possível perceber as clivagens no conjunto da narrativa.

A autobiografia de Gronniosaw possui forte apelo religioso, de tom cristão, como era comum nos textos dessa natureza em fins do século XVIII. É possível afirmar que um de seus principais objetivos foi traçar a jornada do autor em direção a Deus e à fé monoteísta. No começo da narrativa, ele descreve sua inquietação diante das crenças de seu povo e seus constantes questionamentos sobre a existência de uma força divina para além daquelas que eram cultuadas naquele contexto (Ukawsaw Gronniosaw & Shirley, 1770, p. 1). Não há dúvidas de que a experiência do jovem Gronniosaw não havia sido de certezas sobre a existência de Deus, como o autor, já velho e cristianizado, aponta. Entretanto, isso denota aquilo que ele julga importante dizer e a forma de fazê-lo, considerando o público que pretende alcançar e sua própria fé quando escreve.

A publicação do livro é conhecida como uma das primeiras feitas por alguém que viveu na condição de escravizado a se referir à captura e à travessia do Atlântico em direção à América. Ainda que sobre isso o autor tenha escrito apenas onze páginas — o conteúdo posterior diz respeito à vida na plantation —, a descrição da forma como sai de Bornu e atravessa uma vasta região da África Ocidental até um dos principais entrepostos europeus no continente, chegando a um brigue holandês do qual desembarca em Barbados, onde finalmente é vendido, constitui-se como um modelo adotado por narrativas escritas posteriormente. Esses textos desenvolvem a descrição da travessia, em contraste com Gronniosaw, que a cita rapidamente, e possibilitam ampliar o conhecimento sobre as dinâmicas do tráfico e do comércio de escravizados na ótica desses últimos.

Das palavras de Gronniosaw se depreendem aspectos importantes do processo de captura de africanos para o tráfico. Como vimos, em seu caso, ainda criança, ele é iludido pelo comerciante, que lhe promete que conhecerá terras novas e maravilhosas. Também presentes na narrativa, as tensões entre os povos africanos, que poderiam culminar na escravização de pessoas de reinos e povos inimigos — como no exemplo do rei axânti que pretende assassinar o jovem nobre estrangeiro —, têm sido um elemento fundamental para a compreensão do papel das elites africanas na estruturação e manutenção do tráfico negreiro (Lovejoy, 2002, p. 158).

Quobna Ottobah Cugoano, nascido por volta de 1757 em Agimaque, "na costa de Fantyn", território onde hoje se localiza Gana, também narra, em sua autobiografia, publicada em 1787, seu sequestro ao lado de outras crianças por homens "cuja língua era diferente da nossa" (Cugoano, 1825, p. 122). Logo após esse incidente, o menino, então com treze anos e, assim como Gronniosaw, integrante da família real daquela localidade, é levado para a Costa do Ouro, de onde seguirá num navio negreiro para Granada, ilha caribenha disputada por ingleses e franceses. Assim como muitos outros, Cugoano e Gronniosaw são crianças africanas que acabam capturadas por povos inimigos ou nas mãos de comerciantes africanos motivados por interesses outros. Por um ou outro motivo, terminam escravizados.[34]

Longe de colocar as elites locais no mesmo lugar de responsabilidade ocupado pelos europeus, que se beneficiavam da escravização em termos qualitativos e quantitativos numa escala muito superior, o que esse aspecto evidencia é que há, no processo de articulação do tráfico, uma série de interesses em jogo, ligados à própria agência histórica dos povos africanos diante da ocupação europeia e às suas diferentes formas de lidar com essa realidade (Thornton, 2004, p. 122).

A descrição da chegada de Gronniosaw ao Forte de Elmina, na Costa do Ouro, permite entrever aquela região com certo ar cosmopolita: holandeses, franceses, portugueses, ingleses e os nativos criando relações, muitas vezes conflituosas, mas sempre construídas numa trama complexa de possibilidades e contingências. São homens vindos do mar, de diferentes margens do oceano, que voltam com mais homens, mulheres e crianças, de destinos incertos, a maior parte das vezes apinhados nos porões dos navios negreiros, mas também ao lado de mercadorias as mais diversas, a serem vendidas e compradas em todas as periferias do Atlântico.

O século XVIII e o início do XIX foram os grandes momentos do tráfico de africanos escravizados em números absolutos. Apenas nesse período, mais de dez milhões de pessoas foram sequestradas e enviadas de diferentes regiões do continente africano — sobretudo das regiões ocidental e central — para portos americanos (tabela 1).[35] São milhões de mulheres

---

34 Sobre o tráfico e comércio de crianças, ver Gutiérrez (1989), Florentino & Góes (2005) e Silva (2013).
35 Disponível em: http://www.slavevoyages.org/estimates/0HFgy5PF.

e homens anônimos, que possuíam experiências em comum, ao longo das mais de 35 mil viagens realizadas por navios negreiros entre os séculos XV e XIX. Muito já se discutiu sobre o tráfico negreiro, sem dúvida um dos temas mais revisitados por historiadores da escravidão. Entretanto, a maior parte desses estudos se concentrou, como veremos, no levantamento dos números do tráfico, destacando os dados demográficos e econômicos. Mas se o comércio atlântico de escravizados constitui elemento central para a estruturação do capitalismo e da própria modernidade ocidental, como essa historiografia muito bem demonstrou, ele só foi possível porque encarnado em indivíduos que, agentes da própria história, estabeleceram modos de sobrevivência, dominação e resistência que se alteraram ao longo do tempo.

As formas como essas pessoas descrevem a travessia do Atlântico são, como no caso de Gronniosaw, condicionadas pelo momento em que escrevem, a maior parte das vezes

Tabela 1 Estimativa de africanos embarcados e desembarcados, de 1751 a 1875 (por períodos de 25 anos), considerando as regiões de desembarque.
Fonte: Trans-Atlantic Slave Trade: Database.

| | EUROPA | | ESTADOS UNIDOS | |
	Embarcados	Desembarcados	Emb.	Desemb.
1751-1775	1.230	1.090	144.468	118.822
1776-1800	28	23	36.277	30.687
1801-1825	0	0	93.000	77.613
1826-1850	0	0	105	91
1851-1875	0	0	476	413
TOTAIS	1.258	1.113	278.688	231.204

muito tempo depois de terem vivenciado essa experiência. Mas nem por isso as descrições deixam de ser ricas em elementos fundamentais para compreender o "cipoal de imprevisibilidades" com o qual impérios, Estados, reinos, marinheiros, marujos, comerciantes e os próprios escravizados tinham de lidar.

Terror, espanto, morte. Essas três palavras se repetem incontavelmente na autobiografia de Equiano, publicada pela primeira vez em 1789, em Londres. Embora não seja a primeira publicação dessa natureza — Gronniosaw havia publicado sua narrativa quase vinte anos antes —, a descrição pelas mãos de Equiano da captura, da travessia no navio negreiro e, posteriormente, de uma vida literalmente em alto-mar teve grande sucesso nos anos de sua publicação e é objeto de vasta fortuna crítica (Carretta, 2005; Edwards, 1967; Jones, 1967; Rolingher, 2004; Walvin, 1998). Tanto em fins do século XVIII quanto atualmente, o que explica

CARIBE INGLÊS		AMÉRICA HISPÂNICA		BRASIL	
Emb.	Desemb.	Emb.	Desemb.	Emb.	Desemb.
706.518	580.824	25.129	21.030	528.156	476.010
661.330	594.879	79.820	69.212	670.655	621.156
206.310	183.701	286.384	254.777	1.130.752	1.012.762
12.165	10.751	378.216	333.781	1.236.577	1.041.964
0	0	195.989	163.947	8.812	6.899
1.605.256	1.385.121	965.909	843.046	3.597.412	3.178.504

a grande atenção que o texto recebeu é a riqueza de informações e de detalhes que preenchem suas páginas.

Nos dois volumes da autobiografia, Equiano narra suas desventuras, iniciando com um primeiro capítulo bastante detalhado, no qual apresenta ao leitor os costumes do seu povo "no ano de 1745, num vale encantador e fértil chamado Essaka" (1789, p. 5). Como aponta Catherine Obianuju Acholonu (1989), trata-se de Isseke, na região de Issuama, na Nigéria central. Equiano era o mais novo de sete filhos e, por volta dos seus onze anos, foi raptado com a irmã por dois homens e uma mulher, dos quais não informa a origem. Alguns estudiosos afirmam se tratar de comerciantes aro, conhecidos pela prática do comércio legal, no qual trocavam mercadorias de origem europeia — como chapéus, armas de fogo e pólvora — por pessoas que eram submetidas à escravização (Rediker, 2011, p. 122-3).

Uma vez sequestrados, Equiano e a irmã vivenciariam algo muito parecido com o que descreve Gronniosaw na narrativa de 1770: um longo percurso, de quase oito meses, em direção à costa. Logo no início do trajeto as crianças empreendem diferentes tentativas de fuga, chamando a atenção de pessoas que andavam próximo à estrada que o grupo havia tomado. Mas a captura foi inevitável: "Meus gritos serviram apenas para que eles me amarrassem com mais força, tapassem minha boca e me pusessem dentro de um saco grande. Taparam também a boca de minha irmã, amarraram suas mãos, e assim seguimos até sair da vista daquela gente" (Equiano, 1789, p. 50). Embora afirme que não sofreu grandes maus-tratos nas mãos dos três sequestradores, Equiano evidencia o espanto e a profunda tristeza que dominaram ele e sua irmã. Durante o tempo em que estiveram nesse caminho, diante da retirada traumática do seio de seu povo, os irmãos consolavam um ao outro, ainda que fosse banhando "um ao outro com nossas lágrimas". Mas mesmo isso mudou, logo nos primeiros dias, quando foram tristemente separados, a despeito dos pedidos chorosos das crianças. Equiano descreve esse como "o dia de maior tristeza de sua vida", que mais tarde será vivido, como narra, com ainda mais intensidade (Equiano, 1789, p. 50). Depois de separados os irmãos, Equiano foi vendido inúmeras vezes, vivendo temporariamente entre muitas aldeias e povos diferentes. Nessa passagem da narrativa, evidencia sensações de conforto e desconforto (sempre em termos relacionais, uma vez que o sequestro inicial só lhe trazia amargura) que se alteravam com a mesma velocidade com a qual os dias mudavam. O segundo capítulo do relato, nesse sentido, é muito importante para a compreensão da diversidade social, cultural e linguística dos diferentes povos africanos envolvidos nas redes de comércio de mercadorias e pessoas escravizadas. Se nos primeiros locais por onde Equiano passa e onde vive por curtos períodos moram pessoas com hábitos e práticas culturais com os quais mantinha certa familiaridade, ele termina por chegar, como demonstra o historiador Marcus Rediker (2011, p. 126), "a um lugar onde a familiaridade cultural já não existia. Na verdade, ele ficou chocado com a cultura dos ibibios litorâneos, que, como ele observou, não eram circuncidados, não tomavam banho como ele costumava fazer, usavam panelas e armas europeias e lutavam entre si com os punhos". Essas diferenças nos modos de viver e de organizar o cotidiano eram objeto de seu estranhamento:

> Mas, acima de tudo, fiquei espantado por não ver sacrifícios ou oferendas entre eles. Em alguns desses lugares, as pessoas se ornamentavam com escarificações e mantinham os dentes muito afiados. Às vezes, elas queriam me ornamentar da mesma maneira, mas eu não deixava, na esperança de que em

algum momento eu pudesse estar entre pessoas que não se desfigurassem assim. (Equiano, 1789, p. 67)

A proximidade que os Ibibio mantinham com o litoral ajuda a explicar a presença de "panelas e armas europeias", o que Equiano só poderia ter sabido muito tempo depois, quando já escrevia sua autobiografia, tendo em vista que os brancos europeus lhe eram completamente desconhecidos até então. Trocas comerciais entre europeus e africanos já haviam alcançado grandes proporções quando Equiano pisou na região litorânea (Cugoano, 1825, p. 67). Em *Narrative of the Enslavement of Ottobah Cugoano, a Native of Africa; Published by Himself in the Year 1787* [Narrativa da escravização de Ottobah Cugoano, um nativo da África, publicada por ele mesmo no ano de 1787], Cugoano descreve o momento em que foi sequestrado por homens vindos de uma considerável distância de Agimaque — como vimos, seu lugar de nascimento. Ele descreve que tentou fugir, com as outras crianças, "em vão, pois pistolas e facões logo surgiram, ameaçando-nos" (Cugoano, 1825, p. 112). Aqui mais uma vez são descritos instrumentos de origem europeia que muito provavelmente foram parar nas mãos dos sequestradores de Cugoano via trocas comerciais, motivadas pelo tráfico negreiro.

Essas demandas ocorriam por via terrestre, marítima (próxima à costa) e fluvial. O conhecimento das vias fluviais e a mobilidade espacial, na verdade, faziam parte da experiência de diversos povos africanos muito antes dos primeiros contatos com os europeus, como já afirmaram os historiadores John Thornton (2004) e Jaime Rodrigues (2012). Como discutiremos adiante, as técnicas de navegação — ainda que em escalas e proporções muito menores que aquelas do tráfico atlântico — faziam parte da rotina mercantil de muitas sociedades do continente africano e não foram desprezadas nem por capitães europeus, que empregavam muitos africanos nas embarcações, nem por esses últimos, que encontravam formas criativas de aplicar seus conhecimentos em busca de um ideal de liberdade.

Através de um rio, provavelmente o Bonny, Equiano foi mais uma vez levado, numa canoa, ao longo de dias que findavam com paradas para abastecimento em "diferentes regiões" das margens. A proximidade do mar era o indício do lugar seguinte no qual Equiano permaneceria por mais um tempo: um agitado porto de tráfico de escravizados em algum ponto do Golfo de Biafra, a nordeste do Golfo da Guiné e ao sul do delta do Rio Níger. Ao chegar à região portuária, Equiano vivenciou, com o maior espanto até então, o início de um verdadeiro inferno. Ao avistar o grande navio negreiro, foi tomado por um assombro, que se converteria em terror ao ser levado a bordo, onde seria tocado e analisado, como um objeto, pela tripulação. "Agora eu estava convencido de que tinha entrado em um mundo de espíritos maus e de que eles iriam me matar" (Equiano, 1789, p. 70).

Tudo ali lhe parecia estranho e desconhecido. A tez dos marujos, seus longos cabelos e a língua que falavam, completamente desconhecida por ele. Ao longo dos oito meses em que atravessou vastas regiões de Isseke até Biafra, Equiano teve contato com línguas muito diversas da que falava em sua terra natal. Ainda assim, com maior ou menor grau de dificuldade, conseguiu se comunicar. Em função da ligeira similaridade entre os troncos linguísticos das regiões de onde esses povos vinham e, principalmente, dos contatos motivados pelo comércio, as estruturas de comunicação entre eles eram muito parecidas (Heine & Nurse, 2000, p. 259). Ainda que existissem diferenças substanciais entre as línguas, havia expressões e vocábulos que poderiam ser facilmente aprendidos por estrangeiros. A língua dos marujos, entretanto, era-lhe inteiramente estranha, e nada havia ali que pudesse lhe oferecer algum indício do que era dito. A absoluta incompreensão das palavras, a estranheza das roupas, dos ornamentos e da própria embarcação, de proporções por ele nunca vistas, somaram-se em uma situação que o levou ao desespero.

> Quando olhei em volta do navio e vi uma grande fornalha ou cobre em ebulição, e uma multidão de pessoas negras acorrentadas, com os semblantes expressando desânimo e tristeza, já não duvidava do meu destino; vencido pelo horror e pela angústia, caí imóvel no convés e desmaiei. (Equiano, 1789, p. 71)

Equiano não sabia que estava num navio negreiro, nem que aqueles homens eram europeus que vendiam pessoas na América, como mercadorias. Não sabia que seu destino era ser escravizado nas plantations do Novo Mundo. Não se via, portanto, como parte da rede do tráfico atlântico de africanos, porque não via nem a si mesmo pelo espectro de uma identidade "africana", nem possuía conhecimento das vastidões atlânticas. Tudo isso seria aprendido pela experiência. Por desconhecer o significado de todas essas coisas e dada a cosmovisão de seu povo, Equiano via aquelas pessoas como seres dotados de poderes mágicos e, principalmente, como canibais prontos para devorá-lo e aos outros com quem compartilhava aquela condição.

Como já afirmei, o tráfico negreiro só foi possível porque encarnado em relações muito complexas e diferentes, ao longo do tempo e do espaço. Explicá-lo, desse modo, deve ser um exercício que leve em conta todos os sujeitos envolvidos nessas relações, sejam portugueses, franceses, ingleses, de alta ou baixa posição na hierarquia social, sejam os próprios africanos, oriundos de diferentes sociedades, com línguas, organizações sociais, políticas e culturais distintas entre si. Durante muito tempo se procurou explicar esse processo a partir do que era possível vislumbrar do ponto de vista de quem organizava as redes do tráfico, dos marinheiros e comerciantes europeus. Alguns esforços, porém, foram feitos para olhar para esse conjunto de situações por meio das experiências de africanos.

O historiador Robert Slenes (1995), por exemplo, apresenta algumas evidências que nos ajudam a compreender o entendimento de Equiano sobre os europeus que encontrou no navio negreiro como seres mágicos. Para Slenes, muitos povos da África Central viam na cor branca o símbolo da morte. Em suas cosmologias, o grande mar (*kalunga*) e os grandes navios (*malungu*) eram associados à travessia para o mundo dos mortos, onde viviam os espíritos. Quando Equiano destaca a diferença da tez dos marujos em relação a sua e evidencia o grande medo de ser comido por eles, o que se pode inferir é que a associação mais próxima estabelecida diante de tantas coisas desconhecidas é aquela que recorre às crenças e concepções de mundo mais profundas.

> Enquanto estávamos na costa, fiquei principalmente no convés; um dia, para minha grande surpresa, vi uma dessas embarcações chegando com as velas para cima. Assim que os brancos viram, deram um grande grito, o que nos espantou; ficamos mais chocados ainda ao ver que a embarcação ia ficando cada vez maior à medida que se aproximava. Finalmente, ela lançou âncora a minha frente, e, quando a âncora se firmou, eu e meus conterrâneos ficamos absolutamente surpresos ao ver a embarcação parar; e então nos convencemos de que aquilo era feito por magia. (Equiano, 1789, p. 77-8)

Se os relatos e a produção pictórica europeia sobre os povos africanos permearam o imaginário ocidental entre os séculos XVIII e XIX, muito menos conhecidas — mas igualmente valiosas — são as representações africanas sobre os brancos europeus. Uma série de esculturas em madeira (figura 7), hoje em exposição permanente no Museu da Ciência da Universidade de Coimbra, em Portugal, exibe figuras de comerciantes portugueses, representados com vestimentas e objetos europeus, como cachimbos, mas cercados de símbolos de origem songo. Outras esculturas (figura 8), de origem kongo/yombe, mostram figuras masculinas em trajes europeus com as faces pintadas com pigmento branco. Essas esculturas, produzidas ao longo do século XIX, evidenciam a presença portuguesa na África Central e narram, visualmente, as tensões dessa presença nas costas africanas. Acredita-se que muitas dessas peças eram utilizadas em rituais religiosos, com o intuito de aplacar a fúria dos "espíritos brancos", o que explica a cor de suas pigmentações.

Desse modo, vê-se confirmada a tese de que a figura europeia não só era vista com estranhamento pelos povos africanos como também motivava conjecturas a respeito de seu caráter espiritual.[36]

Equiano oferece muitos outros exemplos que reafirmam, para ele, o caráter mágico da tripulação branca. Certa vez, o jovem rapaz observou, durante muito tempo, um marinheiro utilizando um quadrante, instrumento de extrema importância para as atividades náuticas que se baseava na medição do ângulo da estrela Polar em relação ao horizonte

---

[36] Outros exemplos de esculturas e representações como essas podem ser vistos em Pires, Araújo & Bernaschina (2014, p. 162-70). Estudos recentes sobre arte africana, que apresentam algumas reflexões sobre as representações africanas de europeus, sobretudo de origem songo, estão em Bevilacqua & Silva (2015), Neyt (2004) e Hersak (2010).

para determinar o local da embarcação. Quando o marinheiro percebe, finalmente, a surpresa do jovem, decide satisfazer sua curiosidade, fazendo-o olhar através do instrumento. "As nuvens pareciam parte da terra, que desaparecia enquanto elas passavam", o que aumentava ainda mais sua admiração, de modo que "estava então mais convencido que nunca de estar em outro mundo e de que tudo era mágico" (Equiano, 1789, p. 83).

Em outro momento da narrativa, Equiano aponta mais uma vez seu medo de ser canibalizado pela tripulação, quando, numa crise de abastecimento, o capitão lhe diz que teria que comê-lo para sobreviver à viagem. Equiano afirma, ao descrever essa situação, ter consciência de que se tratava de uma brincadeira ou de uma forma de incitar o medo que o menino já havia manifestado. Mas não por isso deixa de evidenciar que, naquela altura, sentiu-se apavorado e passou a observar cada movimento do barco como o prenúncio de sua morte.[37]

O tema da canibalização é recorrente na maior parte das narrativas de africanos. Em alusão ao período em que foi enganado e levado até um dos portos do tráfico da região da Costa do Ouro, Ottobah Cugoano (1825, p. 123) descreve a seguinte situação: "No dia seguinte seguimos viagem e, à noite, chegamos a uma cidade, onde vi várias pessoas brancas e fiquei com medo de que me comessem". Ele explica: o medo estava "de acordo com a nossa noção, como crianças das partes interioranas do país" (Cugoano, 1825, p. 123). O "país" a que se refere é o próprio continente. Quando escreve essas palavras, muito tempo depois da travessia num navio negreiro, Cugoano parece concordar que as sociedades instaladas nas regiões

---

[37] Há uma infinidade de relatos, em fontes muito diversas, sobre o medo africano da canibalização pelos brancos. Ver Reis, Gomes & Carvalho (2010, p. 242-5).

Figura 7 Povo songo.
Esculturas de comerciantes, século XIX.
Museu da Ciência da Universidade
de Coimbra, Portugal.

Figura 8 Povo kongo/yombe.
Figura masculina. Museu da Ciência da
Universidade de Coimbra, Portugal.

distantes da costa não conheciam pessoas brancas ou delas tinham apenas ouvido falar, o que alimentava a aura em que admiração e espanto se mesclavam.

A maneira como Equiano descreve os brancos do navio abre um amplo campo de reflexões sobre o modo como africanos vivenciavam a experiência do tráfico, como apontou Slenes (1995). Esse historiador e outros que se dedicaram ao tema se referiram aos povos da África Central principalmente por meio do estudo de seus idiomas e da estrutura de sua comunicação. Equiano, porém, vinha da região compreendida como África Ocidental, em quase tudo muito diferente da vida e da organização de povos de outras regiões. Desse modo, a semelhança da sua descrição e também da de Cugoano com aquilo apontado por Slenes sobre os povos da África Central possibilita entrever que havia muito mais em comum na experiência do tráfico de africanos do que se pode imaginar e que, se a origem geográfica e cultural dos povos escravizados era muito diversa, a condição do tráfico acabava por criar situações muito semelhantes ao longo do tempo e dos espaços que constituíram esse processo.

O navio em que estava Equiano, provavelmente o *Ogden*, como apontam alguns estudiosos de sua vida (Carretta, 2005, p. 34),[38] ficou oito meses parado na costa, à espera do número suficiente de pessoas para serem transportadas. Isso significou, na prática, muitas mortes antes mesmo de o navio zarpar rumo ao leste do Atlântico. O ar no interior do navio era sufocante e havia pouco espaço para se locomover, o que criou um clima pestilento, promovendo o desenvolvimento de doenças entre as pessoas aglomeradas. Essa situação de terror não era suficiente para que o capitão colocasse logo

---

[38] Sobre a viagem do *Ogden*, ver Trans-Atlantic Slave Trade: Database, viagem n. 90.473.

o navio em alto-mar: era preciso ter um número satisfatório de cativos para serem vendidos, caso contrário a viagem seria perdida. A morte e a peste eram, assim, efeitos colaterais do objetivo maior dos responsáveis pelo tráfico — por isso eram quase naturalizadas —, e aqueles que sucumbiam eram "vítimas da avareza imprevidente" dos brancos, como Equiano fez questão de anotar (Equiano, 1789, p. 79).

Mas o pior ainda estava por vir. Quando a âncora do navio foi içada e as velas estendidas, começou para Equiano o verdadeiro inferno a bordo. A Passagem do Meio foi por ele descrita como um dos momentos mais trágicos da sua vida. As pessoas no porão passavam a maior parte do tempo acorrentadas e, ao menor sinal de desordem, eram violentamente chicoteadas, na frente das demais. Mahommah Gardo Baquaqua, nascido em 1830 na região do Benin e jogado nas garras do tráfico ainda criança, como Gronniosaw, Equiano e Cugoano, descreve com detalhes a condição do porão do navio negreiro e a violência que lhe era inerente. "Seus horrores, ah, quem pode descrever? Ninguém pode representá-los de fato como o pobre desafortunado, miserável que foi confinado em seu interior" (Baquaqua, 1854, p. 42). Depois dessas palavras, Baquaqua inicia uma longa digressão, na qual procura evidenciar a crueldade daqueles que, mesmo lendo sua descrição da travessia, continuariam a defender a escravidão. Lançando mão de uma forte moral cristã — que torna o elo com o leitor ainda mais estreito —, o autor afirma que os escravagistas que não abrirem mão da defesa do cativeiro viverão uma experiência comum à dele não no porão do navio, mas no inferno. Para ele, eram quase sinônimos.

Assim, Baquaqua continua:

> Nossos sofrimentos eram apenas nossos. Não tínhamos com quem compartilhar nossas misérias, ninguém para cuidar de

nós nem para nos dizer uma só palavra de conforto. Alguns foram jogados ao mar antes do último suspiro; quando suspeitavam que alguém não sobreviveria, liquidavam-no dessa maneira. (Baquaqua, 1854, p. 43-4)

Lançar africanos doentes ao mar era prática comum nos navios negreiros. Em 1791, o marujo John Cranston testemunha, diante do júri federal, sobre o caso de uma jovem negra que havia sido atirada viva ao mar durante a travessia do *Polly*, navio aportado em Rhode Island depois de uma longa viagem desde a Costa do Ouro (*apud* Rediker, 2011, p. 422).[39] Segundo Cranston, acreditava-se que a mulher estava com varíola e o próprio capitão da embarcação, James d'Wolf, "ordenou que a pusessem no cesto da gávea maior, temendo que ela contagiasse os outros". Passado um dia, o capitão convocou a tripulação e "nos perguntou se queríamos atirá-la ao mar. Respondemos que não. Não queríamos fazer isso". A atitude de negação dos marujos não foi suficiente para o capitão, convencido da necessidade da ação, e "ele próprio subiu pelo convés, dizendo que ela devia — e seria atirada ao mar". A cena seguinte se aproxima das descrições presentes nas narrativas de escravizados no que diz respeito à violência e ao terror: "Amarrou-a a uma cadeira, cobriu-lhe os olhos e a boca com uma máscara. E então, com cordas amarradas em volta da cadeira, nós a baixamos para bombordo do navio". Segundo Cranston, depois do ocorrido, o capitão James d'Wolf "só disse lamentar ter perdido uma cadeira tão boa".

Marcus Rediker (2011, p. 358 ss.), ao apresentar essa história, conclui afirmando que, a despeito do processo movido

---

[39] Depoimento de John Cranston ao Grande Júri, 15 jun. 1791. Newport Historical Society, caixa 43, pasta 24.

contra o capitão e das evidências oferecidas pelas testemunhas, D'Wolf continuou livre, sem punição, tendo sua família gozado do mais pleno conforto, resultado dos ganhos do traficante de africanos. D'Wolf termina a vida como senador dos Estados Unidos.

A alimentação dos cativos era escassa. Certa vez, motivados pela fome, alguns africanos da mesma embarcação de Equiano roubaram peixes que haviam sido pescados como um complemento do abastecimento da tripulação. "A tentativa lhes rendeu flagelações muito severas" (Equiano, 1789, p. 74). Baquaqua descreve a mesma situação anos mais tarde, quando diz:

> A única comida que tivemos na viagem foi milho cozido. Não posso dizer quanto tempo ficamos confinados, mas pareceu um período muito longo. Sofremos muita sede, mas negaram a água de que necessitávamos. Uma caneca por dia era a dose permitida, nada mais; e muitos, muitos escravos morreram na travessia. Um pobre coitado ficou tão desesperado de sede que tentou pegar a faca do branco que nos trazia água; foi levado ao convés, e eu nunca soube o que se passou com ele. Creio que foi jogado ao mar. (Baquaqua, 1854, p. 43)

A tônica das práticas alimentares a bordo era a escassez, que mudava de acordo com a hierarquia do navio. Marujos, nesse sentido, tinham uma experiência próxima à dos cativos — mas, ainda assim, muito superior. Doenças como varíola e escorbuto, que dizimaram milhões de africanos e algumas centenas de marinheiros ao longo da travessia do Atlântico, eram facilitadas pela baixa imunidade, intimamente relacionada à alimentação disponível nos navios. Esse tem sido um tema a que historiadores se voltam para compreender as diferentes dimensões sociais que constituem a experiência da navegação de longo curso, incluído o tráfico negreiro (Rodrigues, 2013). Os estudos demonstram como doenças e índices de mortalidade, embora sejam de natureza biológica, só podem ser realmente compreendidos quando considerados como produzidos socialmente. A quantidade e a qualidade da alimentação condicionaram, ao lado de outros elementos, o patamar de "sucesso" das viagens atlânticas, e ninguém sabia melhor disso que os africanos que passavam meses no fundo escuro de um porão.

A travessia era um momento de "aprendizagem" da escravidão. As condições precárias a que estavam submetidos os africanos eram um vislumbre da desumanização que vivenciariam, a maior parte pelo resto da vida, em terras americanas, ainda que, àquela altura, não soubessem disso. Mas, na mesma intensidade em que se criava o aprendizado da violência, também se produzia uma cultura de resistência. Eram, assim, condições que se nutriam mutuamente, como Baquaqua parece descrever ao afirmar que, "quando um de nós se rebelava, cortavam a pele com faca e esfregavam pimenta ou vinagre para pacificá-lo(!)" (Baquaqua, 1854, p. 43).

Essa resistência possuía faces diversas. Jaime Rodrigues narra o caso de Manuel da Silva, comerciante português que, em 1782, assiste a uma sublevação de africanos no porto de Cabinda, antes mesmo de o navio zarpar. Tendo invadido o paiol de armas e munições do navio, os africanos sublevados ocuparam o convés e tomaram o controle da embarcação, não sem antes responder ao fogo aberto pela tripulação: "preferiam morrer a sair dali" (Rodrigues, 2005, p. 223 ss.). O que se seguiu foram tentativas, frustradas pelos africanos, de conseguir ajuda de um brigue francês ancorado próximo ao navio; depois disso, os portugueses tentaram fugir, navegando em alto-mar. A embarcação acabou encalhando na praia e, quando invadida, foi incendiada pelos africanos, sobrevivendo apenas 72 dos 271 que haviam sido embarcados.

Outra revolta, tornada famosa por *Amistad*, a representação cinematográfica de 1997 dirigida por Steven Spielberg, envolveu os africanos embarcados na escuna de bandeira espanhola *La Amistad*, em 1842. Liderados por Sengbe Pieh (Joseph Cinqué), os cativos tomam o controle da embarcação enquanto navegam próximo ao litoral cubano, matam a maior parte da tripulação — poupando dois marinheiros — e tentam retornar ao continente africano. Como não dominavam o uso dos instrumentos náuticos disponíveis, não conseguiram aprumar o navio na direção certa e acabaram interceptados por um navio estadunidense e levados para a terra. A despeito de alguns mitos construídos posteriormente,[40] a rebelião do *La Amistad* foi mais uma entre muitas que, em contraste com essa, não deixaram registros históricos.

A resistência à escravização e ao tráfico, porém, começava muito antes da travessia: são inúmeros os casos de conflitos entre europeus e as elites e nobrezas africanas. Rodrigues (2005, p. 226) apresenta, para a região da África Central, as espinhosas tentativas de negociação entre traficantes de escravos e reis e rainhas africanos, que muitas vezes atrasavam em muito os planos de captura de cativos e a saída dos navios negreiros de seus portos. Além disso, as recorrentes sublevações de africanos capturados atrapalhavam a "ordem" dos barracões onde eles eram mantidos antes de serem embarcados. No limite, esse foi um dado com o qual os próprios reinos europeus tiveram de

---

[40] Sobre isso, ver a discussão de Jones (1997, 2000).

lidar, e o faziam por meio de suas centenas de marinheiros e intermediários do tráfico negreiro.

A resistência continuava e, por vezes, se acentuava a bordo. Se é difícil imaginar o número de revoltas nas quais os africanos tomavam os navios, já que há poucos registros sobre esses casos e sabemos que nenhuma delas foi vitoriosa, devemos olhar para outros tipos de resistência, como aqueles descritos por Equiano. Segundo ele, era muito comum que seus companheiros, quando podiam acessar o convés, atentassem contra a própria vida, atirando-se ao mar. Segundo ele, quando isso ocorreu, certa vez, houve "tamanho barulho e confusão no navio, como eu nunca havia visto antes" (Equiano, 1789, p. 62). Ainda que a tripulação tenha lançado botes para recapturar os três africanos que se lançaram ao mar, apenas um foi resgatado.

Essa prática era tão comum a bordo que, a partir do século XVIII, muitos navios vinham equipados com redes a seu redor, para evitar que os cativos se lançassem ao mar. Seja como for, situações como essas foram descritas muitas vezes, como fez o historiador Marcus Rediker, como "autodestruição" ou como uma preferência pela morte à escravização. Acredito, porém, que é necessário ter certa cautela ao concluir que essa era simplesmente uma prática de autoflagelo. Em certo momento, Equiano (1789, p. 62) perde-se numa digressão cheia de significados: "Muitas vezes, eu acreditava que os habitantes do fundo do mar eram mais felizes que eu. Eu invejava a liberdade de que gozavam; quantas vezes quis mudar minha condição para a deles". Aqui, o autor pode estar se referindo tanto aos animais aquáticos, com quem convivia ao longo da travessia, quanto aos companheiros que, ao se lançarem ao mar, acabaram mortos. Considerando a concepção de Equiano sobre o que separaria a vida e a morte, como ele apresenta no primeiro capítulo de sua narrativa, a segunda opção me parece a mais plausível. Nesse caso, o que chamamos de "suicídio" era uma entre várias tentativas de retornar às terras de origem, ao lar.

Não seria surpreendente que muitos africanos na experiência do tráfico considerassem possível o retorno a nado para as costas africanas. O "grande mar" era uma realidade material, mas também simbólica, e, nesse sentido, a travessia era, ou poderia ser, mais fácil do que se havia experimentado até então.

Sabemos, portanto, que a busca pela liberdade era uma constante durante a captura — como as narrativas de Gronniosaw, Equiano e Baquaqua demonstram —, enquanto os navios ainda estavam na costa ou mesmo na travessia do Atlântico. Parece que o ideal da liberdade e as experiências atlânticas entravam em uma simbiose que fazia da vida no mar a expressão do instável, do mutável e do contingente, tal como a própria água que sustentava os navios. O que os historiadores Rediker e Peter Linebaugh chamam de "Hidrarquia" — a organização dos marinheiros feita a partir da base, frente à organização do Estado marítimo, feita pelo topo — produziu "uma tradição marítima radical que fez do Atlântico também uma zona de liberdade" (Linebaugh & Rediker, 2008, p. 157). E nisso os africanos tiveram papel fundamental: basta considerar as práticas de resistência que começavam ainda no continente africano, atravessavam o grande mar e se reelaboravam nas Américas, por meio dos quilombos, das rotas de fuga, das múltiplas solidariedades e das tentativas criativas de reconstrução dos laços que a escravização tratava de romper.

Após desembarcar em Barbados, Equiano vivencia novamente a criação de laços de companheirismo seguida de sua rápida fragmentação. Na verdade, o garoto de onze anos permanece pouco tempo em terra firme — essa seria sua realidade durante a maior parte da vida. De Barbados é levado para a Virgínia, onde é comprado por um fazendeiro, depois levado para a Inglaterra, num navio de mercadorias — portanto, em melhores condições que aquelas nas quais atravessou o Atlântico pela primeira vez. A partir de então, navega como escravizado por mares do norte da Europa e pelo Mediterrâneo, aprendendo técnicas de navegação e artilharia náutica. Torna-se ele próprio um comerciante, realizando diversas viagens nessa condição. Sua experiência se aproxima daquilo que Paul Gilroy (2012, p. 35) chama de *Atlântico Negro*, "as formas culturais estereofônicas, bilíngues ou bifocais originadas pelos negros dispersos nas estruturas de sentimento, produção, comunicação e memória do Atlântico".

A linguagem, num movimento constante de mudanças e adaptações, expressa essas formas estereofônicas. É já na experiência do tráfico e do navio negreiro que africanos têm contato com a diversidade linguística, que é uma característica desse processo. Diversidade que se encontra no interior do porão, entre "africanos de todas as línguas" (Equiano, 1789, p. 85), e nas relações estabelecidas entre eles e a tripulação. Além dos já citados casos de Gronniosaw, que aproxima o ouvido de um livro a fim de ouvir o que ele tem a lhe dizer, e de Equiano, alfabetizado enquanto navega em mares europeus, Baquaqua (1854, p. 60) escreve: "Durante a estada no navio negreiro consegui aprender um pouco da língua portuguesa, com os homens já mencionados, e, como o meu dono era português, podia compreender muito bem o que ele queria". A participação de africanos na estruturação da vida marítima era parte da experiência do tráfico negreiro, em que se constituíam como intermediários, mas não se limitava a ela. Equiano atuou em naufrágios de navios de reinos inimigos, na compra e venda de produtos na Europa, e estabeleceu relações sociais que lhe possibilitaram ser alfabetizado em inglês, batizado na religião cristã e juntar um pecúlio de pouco mais de quarenta libras esterlinas, com as quais comprou sua liberdade em 1766. Não se pode afirmar que tenha tido uma "vida fácil", pois esteve na maior parte do tempo submetido às humilhações e violências físicas pelas quais passava um escravizado. Entretanto, sua trajetória difere muito da maior parte dos milhões de africanos levados para as Américas, que passariam o resto de seus dias nas plantations, trabalhando na colheita de monoculturas ou nas casas-grandes, onde realizavam tarefas domésticas. A vida no mar possibilitou a Equiano certa elasticidade no que tange ao caráter das relações sociais nas quais se via envolvido, e maior margem de atuação.

Em *Gerações de cativeiro*, o historiador Ira Berlin organiza sua análise da escravidão nos Estados Unidos em cinco momentos, baseados numa perspectiva cronológica e espacial. As narrativas de Equiano e de Baquaqua podem ser compreendidas à luz do primeiro momento apontado pelo autor, referente às "gerações da travessia":

> [...] homens e mulheres cosmopolitas de origem africana que chegaram ao continente norte-americano simultaneamente aos primeiros aventureiros europeus. Seu conhecimento do mundo atlântico mais amplo, a fluidez com que se moviam nele e sua habilidade camaleônica para alterar sua identidade moderavam a força da escravidão, permitindo a uma considerável proporção desses recém-chegados conquistar sua liberdade e usufruir de uma modesta prosperidade. (Berlin, 2006, p. 17)

A vida atlântica desses sujeitos não findava com a compra ou com a conquista da liberdade. Assim como Equiano, muitos outros africanos que haviam sido escravizados, quando libertos, continuavam no mar, como marinheiros, médicos, cozinheiros e barbeiros. Um deles era conhecido, na primeira metade de século XIX, como alufá Rufino.

Alufá, termo que se refere a um tipo de guia espiritual muçulmano, era a forma como Rufino José Maria, africano nascido na região de Oyó, era conhecido no Recife oitocentista. Acusado de estar envolvido numa insurreição de escravizados, Rufino é interrogado pela polícia local. Dos seus interrogatórios emerge uma vida construída no Atlântico, com passagens por Salvador, Porto Alegre, Rio de Janeiro e Serra Leoa. Rufino, ou Abuncare — seu nome muçulmano —, conquista a liberdade no Sul do Brasil e, depois disso, passa parte da vida no mar, entre América e África, espaço onde sua identidade é reelaborada diversas vezes.

Como afirmam os autores de importante obra recente sobre a vida de Rufino (Reis, Gomes & Carvalho, 2010), sua trajetória não foi típica, distanciando-se da maior parte dos africanos na rede do tráfico. Entretanto, acredito, assim como os autores, que naquilo que há de excepcional e de extraordinário reside a própria compreensão do que são a regra e o ordinário: trata-se apenas de evidenciar que a regra não se abate sobre a história, explicando-a por completo, mas é nela elaborada. Rufino, mas também Equiano e Baquaqua, embora constituam exceções, são exemplos de como o oceano e sua vastidão podiam representar, se não aquilo que tanto desejavam, ao menos o melhor que poderiam ter (Reis, Gomes & Carvalho, 2010, p. 360).

Sem, ainda, discutir os significados da liberdade para mulheres e homens negros num contexto escravista, pode-se afirmar que não eram as cartas de alforria que asseguravam, sozinhas, a manutenção da liberdade. Essa deveria ser provada e exercida de diferentes formas, pois não se restringia apenas à qualidade jurídica da escravidão, mas a todo um conjunto de condições de existência e sobrevivência da população negra. Não por outro motivo os autores das autobiografias se tornaram figuras públicas, em muitos sentidos, e possuíam relações estreitas com o movimento abolicionista. O próprio Equiano é nome importante para a consolidação do Slave Trade Act, de 1807, que extinguia o tráfico negreiro no Império britânico. Embora o projeto tenha sido apresentado ao Parlamento por um grupo de evangélicos protestantes e *quakers* formado em 1787, dois anos, portanto, antes da publicação de sua narrativa, sua proximidade com figuras importantes da luta abolicionista e o sucesso da publicação não deixam dúvidas de que ele desempenhou um papel significativo na luta pelo fim do tráfico (Schama, 2011, p. 180 ss.).

Desse modo, os sujeitos que viveram a experiência do cativeiro e suas memórias da travessia constituem aquilo que Rediker (2011, p. 16) chama de "reação criativa e de afirmação de seu instinto vital": aqueles que vivenciaram essa experiência e que, por isso, sabiam seus significados mais concretos e também como lutar contra eles os apresentaram às massas por meio de suas autobiografias.

As experiências de Gronniosaw, Baquaqua, Cugoano e Equiano chegam até nós como possibilidades de compreender os sentidos que a travessia nos porões dos navios negreiros poderia ter para os africanos na condição de cativos. Embora remontem às últimas décadas do século XVIII, essas narrativas só foram consideradas nos estudos sobre o tráfico atlântico de africanos escravizados muito recentemente. Esse "problema" historiográfico está relacionado a duas questões: a primeira diz respeito aos interesses expressos nas abordagens e metodologias utilizadas pelos estudos do tráfico ao longo do século XX; a segunda, ao próprio estatuto que as autobiografias de escravizados tiveram ao longo do tempo.

Desde fins do século XVIII se realizaram muitos levantamentos numéricos sobre o tráfico.[41] Seja como forma de combatê-lo (evidenciando o alto grau de mortalidade dos africanos), seja com o intuito de reiterá-lo (destacando sua importância econômica), esses estudos foram contemporâneos das centenas de viagens da travessia e por isso também informam sobre os embates em torno da abolição do tráfico negreiro. Entre os séculos XIX e XX, a partir da dinâmica imperialista, outros estudos foram produzidos, mas sem grandes contribuições analíticas que possibilitassem um olhar crítico sobre o tema. Em sua maioria, eles possuem um tom de justificativa do sequestro massivo de africanos com base em um discurso civilizatório.

Foi na primeira metade do século XX, mais precisamente depois da Primeira Guerra Mundial, que obras que criticam o tráfico foram publicadas, o que constitui uma forma de contrapor o próprio imperialismo protagonizado por nações como Inglaterra e Estados Unidos naquele período (Rinchon, 1929; Donnan, 1930). Essas obras parecem exagerar muitos números, com o intuito de denunciar o impacto moral do tráfico para as sociedades contemporâneas. Muito em razão disso, a grande preocupação dos estudos seguintes foi justamente estabelecer os números mais consistentes relacionados àquele momento da história. Outros fatores que impulsionam essa perspectiva são a criação dos centros de estudos africanistas e a luta pelos direitos civis da população negra, que tornavam urgente, em termos acadêmicos e políticos, o aprofundamento das questões relacionadas à diáspora africana.

Nesse contexto foi publicada uma das principais e mais conhecidas obras sobre o tráfico negreiro, *The Atlantic Slave*

---

41 Como em United Kingdom, Foreign Office (1845).

Trade: a Census [O comércio de escravos no Atlântico: um censo], de Philip Curtin (1969). O livro calculava o volume do tráfico negreiro por meio de fontes que até então haviam sido deixadas de lado e apresentava uma estimativa do volume total de africanos traficados entre os séculos XV e XIX. Os números apontados por Curtin — cerca de onze milhões de africanos — suscitaram uma profusão de pesquisas que tinham como objetivo cotejar outros tipos de fontes para averiguar sua acurácia. Assim, é a partir dos anos 1960 que o tráfico negreiro se consolida como objeto de investigação. Desse período, surgem obras referenciais, centradas no impacto demográfico do tráfico, bem como nos aspectos econômicos do comércio de pessoas.

Destacam-se os livros *Race and Slavery in the Western Hemisphere: Quantitative Studies* [Raça e escravidão no hemisfério ocidental: um estudo quantitativo], de Stanley Engerman e Eugene Genovese (1975); *Uncommon Market: Essays in the Economic History of the Atlantic Slave Trade* [Mercado incomum: ensaios sobre a história econômica do comércio atlântico de escravos], de Henry Gemery e Jan Hogendorn (1979); e o artigo de Engerman "The Slave Trade and British Capital Formation in the Eighteenth Century: a Comment on the Williams Thesis" [O comércio de escravos e a formação de capital britânico no século XVIII: um comentário sobre a tese de Williams] (1972).

As causas e as consequências da abolição do tráfico também foram objeto de pesquisas seminais, como *The Abolition of the Atlantic Slave Trade* [A abolição do comércio atlântico de escravos], de David Eltis e James Walvin (1981); *The Abolition of the Brazilian Slave Trade* [A abolição do comércio brasileiro de escravos], de Leslie Bethel (1970); e as duas obras de Seymour Drescher, *Econocide: British Slavery in the Era of Abolition* [Econocídio:

escravidão britânica na era da abolição] (1977) e *Capitalism and Anti-Slavery: British Mobilization in Comparative Perspective* [Capitalismo e antiescravismo: mobilização britânica numa perspectiva comparada] (1986), esse último uma resposta contundente à tese, ainda em voga, de Eric Williams, em *Capitalismo e escravidão* (2012).

Esses estudos, em sua maioria, reproduzem a preocupação das primeiras pesquisas em determinar números, movimentações, valores e dados. São, por isso, fundamentais para a compreensão das dinâmicas estruturais do tráfico e seu papel na formação do capitalismo ocidental. Mas não explicam, ou explicam muito pouco, sobre como os sujeitos da travessia elaboraram e vivenciaram essas estruturas em movimento. Alguns esforços recentes nesse sentido têm sido muito bem-sucedidos, e é com eles que este capítulo dialoga.

De costa a costa: escravos, marinheiros e intermediários do tráfico negreiro de Angola ao Rio de Janeiro (1780-1860), de Jaime Rodrigues (2005), e *O navio negreiro: uma história humana*, de Marcus Rediker (2011), originalmente publicado em 2007, são dois exemplos de estudos desse tipo. No primeiro, Jaime Rodrigues revisita aquele que talvez tenha sido o caminho atlântico mais percorrido pelo comércio negreiro devido a muitos fatores, como a proximidade entre o porto de Luanda e o Rio de Janeiro. Esse trajeto fica evidente pela própria estruturação dos capítulos, que possibilita ao leitor acompanhar, por meio das tensões e resistências de diversos sujeitos, os aspectos mais humanos da travessia. Temas que apareciam de modo muito superficial até então, como mortalidade, saúde e cultura marítima, ganham destaque, por meio da análise de documentos oficiais e relatórios de funcionários no Brasil e em Angola, processos de embarcações apreendidas, relatos de viajantes, queixas e cartas de colonos e governadores locais. Pela natureza das fontes utilizadas e pela abordagem historiográfica do livro, trata-se de um estudo das agências humanas que possibilitaram a arquitetura do tráfico.

Rediker também retoma as experiências da travessia, tendo como fio condutor as trajetórias dos indivíduos envolvidos com o tráfico negreiro entre os séculos XVIII e XIX. O autor destaca os significados das relações entre as elites africanas e os comerciantes europeus, qualificando um debate que muitas vezes desconsiderou a ação desses últimos. Ele realiza uma etnografia do navio, descrevendo as formas como foi percebido ao longo do tempo. A documentação que utiliza é muito vasta e coloca em diálogo as memórias de capitães e marujos, registros médicos, diários de viajantes, dados quantitativos e as autobiografias de escravizados. Um dos pontos fortes do livro é a análise da luta empreendida por abolicionistas pelo fim do tráfico, em que o autor desloca as conclusões mais tradicionais para o papel de homens comuns nas discussões que ocorriam nos parlamentos da época. Como o subtítulo da obra evidencia, trata-se de uma "história humana", na medida em que o conflito e as contradições próprias da estruturação, manutenção e abolição do tráfico ocupam o lugar central da análise.

Além dessas obras, há outras que compartilham essa perspectiva, ampliam as considerações sobre as experiências do tráfico e constituem verdadeiros exercícios de história atlântica, como *Saltwater Slavery: a Middle Passage from Africa to American Diaspora* [Escravidão marítima: a Passagem do Meio desde a África até a diáspora na América], de Stephanie Smallwood (2007); *The Diligent: a Voyage through the Worlds of the Slave Trade* [O diligente: uma jornada pelo universo do comércio de escravos], de Robert Harms (2002); e *Shadows of the Slave Past: Memory, Heritage and Slavery*

[Sombras do passado escravista: memória, herança e escravidão], de Ana Lucia Araujo (2014). O tráfico negreiro, a travessia do Atlântico e a própria diáspora africana se tornam, assim, campos de investigação nos quais não se esgotam as possibilidades de estudo.

Depois de vinte anos vivendo como escravo, Gronniosaw embarca para a Inglaterra imaginando "que todos os habitantes daquela ilha eram *santos*; porque todos os ingleses que haviam visitado meu senhor eram boas pessoas". Alimentando profundas esperanças de levar uma vida melhor fora do cativeiro, ele "esperava encontrar nada além de bondade, mansidão e humildade nesta terra cristã". Mas logo percebeu que sua realidade seria bem diferente daquilo que esperava, quando foi roubado por sujeitos que se aproveitaram de sua ingenuidade. Frustrado, Gronniosaw compartilha com o leitor: "Eu mal podia acreditar ser possível que, no lugar onde tantos cristãos eminentes viveram e pregaram, poderia abundar tamanha maldade" (Ukawsaw Gronniosaw & Shirley, 1770, p. 25).

Ele aprenderia que a escravidão havia criado uma raça e uma classe e que, "ao entrelaçar os dois processos, mistificava ambos" (Berlin, 2006, p. 14). Sua vida em liberdade continuaria sendo difícil: se estava livre da plantation onde havia passado as duas décadas anteriores, continuava sob os grilhões que uma sociedade escravista reservava para os egressos do cativeiro. Diante disso, percebeu que deveria combater a escravidão de todas as formas possíveis e, assim como Equiano e Baquaqua, publicou sua autobiografia com esse intuito. No próximo capítulo, veremos como homens e mulheres escravizados narraram suas experiências no cativeiro e como tentaram, de todas as formas possíveis, não só conquistar a liberdade como cuidar para que ela se concretizasse plenamente.

4

Significados da liberdade: cativeiro, abolicionismo, fé e nação

Durante mais de três séculos, a escravidão foi um sistema de trabalho compulsório que esteve presente, de modos variados, em três continentes unidos pelo Atlântico, através do qual se dava o infame comércio de pessoas. Dessa forma, podemos afirmar que a escravidão foi o elemento fundador da modernidade ocidental. Ela forjou classes, criou vocabulários, fortaleceu hierarquias raciais e foi objeto de incansáveis defesas de ideais e projetos políticos, muitas vezes opostos. Até a década de 1850, as instâncias da política institucional estadunidense foram quase completamente dominadas pelos interesses dos senhores escravistas do Sul. No Brasil, a monarquia encerrava na escravidão bases sólidas, e não é coincidência o fato de a desintegração do regime monárquico ter acontecido somente um ano após a assinatura da lei da abolição, em 1888.

Entre 1760 e o fim do século XIX, o mundo atlântico se transformou substancialmente. Foi nesse período que o tráfico de africanos alcançou o ápice, com um total de viagens de navios negreiros que supera os séculos anteriores. Mas foi nesse mesmo período que o tráfico foi duramente combatido e, por fim, proibido em todas as regiões escravistas das Américas. Nesse cenário, em que sociedades se estabeleceram sob a escravidão, é possível imaginar que os limites entre o cativeiro e a liberdade fossem evidentes por si só. Mas isso não era verdade.

Ainda que presente em lugares tão diversos e vastos, a escravidão não teve a mesma aparência nem foi a mesma em todas as regiões. Pelo contrário, a constante reelaboração das técnicas de trabalho, das necessidades econômicas, das demandas, das formas de resistência e de organização política acabaram por produzir experiências diferentes. Exemplo disso é a relação entre as formações sociais e o ordenamento jurídico. Os impérios na Europa e as regiões da América por eles governadas codificaram seus interesses em centenas de leis decretadas e reformuladas de acordo com as necessidades impostas pela realidade concreta. Como afirmam as historiadoras Keila Grinberg e Sue Peabody:

> Conforme a escravidão foi se tornando um fator central para as economias de algumas regiões americanas (como o Brasil, algumas regiões do Caribe e o Sul dos Estados Unidos), senhores de escravos começaram a codificar suas práticas escravistas com o objetivo de resolver disputas que não raro aconteciam, que envolviam tanto senhores entre si, quanto senhores e escravos. Ao mesmo tempo, vários Estados do Atlântico começaram a definir as fronteiras entre escravidão "legítima" e "ilegítima", tentando estabelecer a extensão do poder dos senhores sobre seus escravos e as condições nas quais escravos poderiam legitimamente mudar seu *status* jurídico, conseguindo suas liberdades. (Grinberg & Peabody, 2013, p. 11)

Por essa razão, *liberdade*, sobretudo em contextos de escravidão, não é uma categoria abstrata passível de ser compreendida de modo anistórico; ela se expressou nas diferentes formas como escravizados buscaram, negociaram e exigiram melhores condições de subsistência ou uma vida fora do cativeiro. Essas ações também não são simples produtos de suas condições materiais, mas foram fruto de projetos de liberdade que se impunham e pelos quais valia a pena se arriscar. Neste capítulo, nos aproximaremos dos diferentes significados que a liberdade pode ter tido nessas sociedades, inicialmente por meio das informações sobre o cativeiro presentes nas autobiografias e, depois, considerando o modo como elas se relacionaram com o movimento abolicionista e abordaram o mundo político na conjuntura em que foram publicadas.

NOTÍCIAS DO CATIVEIRO: PROJETOS DE LIBERDADE

Embora esteja dado que o modelo de produção que explica a escravidão seja "receber o trabalho de outro homem pelo poder irresistível, e não por seu consentimento" (Berlin, 2006, p. 13), é preciso estar atento às rupturas e transformações pelas quais o sistema passou. Essas rupturas representaram nada mais que saídas para as mudanças conjunturais que se apresentavam, obrigando o mundo do trabalho a se reorganizar para se manter intacto. Em fins do século XVIII e ao longo do século XIX, o então recente processo revolucionário industrial britânico e sua consequente hegemonia no plano internacional impunham novas demandas para a produção escravista.[42]

O processo de integração da escravidão ao desenvolvimento industrial agravou a realidade dos trabalhadores que

---

[42] Esse processo é analisado por Tomich (2011).

viviam e morriam nas plantations das Américas. George Washington, em visita a Mount Vernon, recomendou que os capatazes mantivessem os escravos "no trabalho tão logo haja luz — trabalhando até de noite". O que o presidente estava dizendo era que "todo trabalhador faça 24 horas tanto quanto sua força, sem prejudicar sua saúde, ou constituição, lhe permitirá". Ele completa: "Se os negros não cumprirem sua obrigação por meios razoáveis, devem ser compelidos a cumprirem", certamente pela via da violência (Abbot, 1987, p. 223). George Washington sabia que o açúcar produzido nas plantations cubanas e o tabaco e algodão nas terras estadunidenses eram os principais produtos do período, por meio dos quais se movimentava a economia da nação recém-estabelecida.

Quem mais intensamente percebeu esse cenário foram as mulheres e os homens negros na condição de escravizados. O dia a dia do cativeiro, bem como as diferentes estratégias para escapar dele, preencheram as páginas das autobiografias durante os primeiros cinquenta anos de publicação desses textos. Nesse sentido, os temas mais recorrentes são aqueles já levantados e discutidos pela historiografia da escravidão nas Américas. Porém o mais importante é que os textos revelam as diferentes formas como a liberdade era compreendida e perseguida, por meio de projetos cotidianamente elaborados.

Henry Bibb (1849) foi uma importante voz nesse sentido. Nascido em 1815 no estado do Kentucky, era filho de James Bibb, senador estadual, e de uma mulher escravizada chamada Mildred Jackson. Mildred era mãe de outras seis crianças, todas consideradas propriedades legais de David White, viúvo que tinha uma filha da mesma idade de Henry. Em sua narrativa, Henry Bibb repete diversas vezes que, enquanto a garota recebia educação, ele era levado para trabalhar nas fazendas vizinhas, de modo que a pequena quantia arrecadada com seu "aluguel" era utilizada para investir na própria educação. O trabalho de crianças não era motivo de espanto. Desde muito cedo, filhas e filhos de mulheres escravizadas eram levados para a lida, onde aprendiam suas funções e desenvolviam, inicialmente, pequenas atividades. Josiah Henson (1849), escravizado em Maryland, conta que foi vendido ainda criança para Isaac Riley, que mais tarde o nomeou capataz da fazenda onde era mantido em cativeiro. Henson era ainda muito jovem quando isso aconteceu, de modo que é possível entrever que desde cedo desenvolvia atividades que lhe permitiram alcançar o cargo que, naquele momento, era ocupado pelos sujeitos com maior proximidade em relação à casa senhorial.

A separação de crianças e famílias era prática constante. John Thompson (1856), cuja autobiografia relata suas desventuras e diversas tentativas de fuga, conta também que era um dos sete filhos de um casal de escravizados na fazenda Wagar, em Maryland. Alguns de seus irmãos foram separados ainda jovens, e ele permaneceu na fazenda até a morte da "velha senhora", como chamava a mulher que comandava a plantation, em 1822. Após a morte, os filhos da proprietária venderam os bens e repartiram a herança, de modo que o restante da família foi dividido, continuando uma saga de compra e venda que só acabou após sua fuga, algum tempo depois. A situação se repetiu com Harriet Jacobs (Brent & Child, 1861), separada de seus dois filhos, com quem só se reencontrou depois de muitos anos, já livre.

As constantes fugas, entretanto, eram o tema central das autobiografias. As narrativas de fugitivos constituíram um gênero específico de escrita autobiográfica, ao lado do tema religioso presente nos primeiros cinquenta anos de publicação desses textos. Os motivos para as fugas, conforme relatado nas memórias de escravizados, são, no geral, os maus-tratos. Pode-se mesmo dizer que os autores das autobiografias criaram uma *narrativa do suplício*, evidenciando os aspectos violentos que justificavam a necessidade da fuga diante do olhar branco e cristão que os lia. Juan Manzano, escravizado em Cuba que publicou sua autobiografia pela primeira vez em inglês, em 1853, descreve a contradição entre uma banalidade cotidiana e a violência gratuita inerente à escravidão. Ao narrar uma situação da juventude, na companhia de sua senhora, diz o seguinte:

> Uma tarde, saímos ao jardim, e, durante muito tempo, fiquei ajudando minha ama a colher flores. [...] Ao nos retirarmos, sem consciência realmente do que fazia, peguei uma folhinha qualquer de botão de gerânio. Essa malva extremamente cheirosa ia em minha mão, junto com sei lá mais o que eu levava. Distraído com meus versos de memória, seguia minha sinhá a distância de dois ou três passos e caminhava tão alheio a tudo que ia despedaçando a folha, do que resultava maior fragrância. Ao entrar em uma antessala, não sei por que motivo minha sinhá retrocedeu. Eu lhe dei passagem, mas, ao passar por mim, lhe chamou atenção o cheiro. Imediatamente colérica, com uma voz fortíssima e alterada, me perguntou: "O que tens nas mãos?". Fiquei morto. Meu corpo gelou-se em um instante e, sem poder quase ficar de pé pelo tremor que me deu em ambas as pernas, deixei cair a porção de pedacinhos no chão. Ela me tomou as mãos e cheirou. Pegando os pedacinhos, eles pareciam um montão, um matagal, um atrevimento. Quebraram o meu nariz. (Manzano, 2015, p. 28)

Em outros os relatos, a busca pela liberdade é uma constância que não necessariamente está vinculada à violência. Esse aspecto está fortemente presente na autobiografia de William Wells Brown, publicada em 1847.

Nascido em 1814 em uma plantation próxima a Lexington, Kentucky, William era filho de um homem branco e de uma mulher negra escravizada. Passou boa parte da juventude em Saint Louis, Missouri, onde trabalhava como escravo doméstico e alguns períodos no campo. Ofereceu seus serviços a um taberneiro e trabalhou como assistente de impressão em um jornal. Na posse de um comerciante de escravos chamado James Walker, viajou muitas vezes pelo Rio Mississipi até mercados de escravizados em Nova Orleans. William relata a dureza do seu trabalho, embora faça questão de destacar o fato de que até então não se sentia vítima de uma violência maior que a esperada da vida em cativeiro. Ainda assim, tentou fugir duas vezes consecutivas, nas quais não obteve sucesso. Finalmente, conseguiu fugir para o Canadá, com a ajuda de Wells Brown, um *quaker* de quem adotou o nome como homenagem.

Ao longo dos nove anos seguintes, trabalhou como condutor de estrada de ferro em Buffalo, Nova York, e a bordo de um barco a vapor no Lago Erie. Em 1843, passou a ser palestrante da Western New York Anti-Slavery Society, proferindo discursos abolicionistas que repercutiriam sobremaneira, particularmente na região de Boston. Em 1847, publicou sua autobiografia, marcando o início de uma carreira literária de sucesso e talvez uma das mais importantes do período. A publicação o tornou uma celebridade internacional, e, com apoio de diversas sociedades abolicionistas, passou a viajar pela Europa divulgando suas ideias. Após a autobiografia, publicou *Clotel; or, The President's Daughter: a Narrative of Slave Life in the United States* [Clotel, ou a filha do presidente: uma narrativa da vida de escravo nos Estados Unidos] (1853), conhecido como um dos primeiros romances escritos por um afro-americano. No livro, ele narra a interessante história de uma filha fictícia de Thomas Jefferson, negra e escravizada, mantendo vivo na pena seu ideal de liberdade.

A maioria dos autobiografados esteve envolvida em constantes mudanças de região, ora ocasionadas pelas fugas, ora pela própria instabilidade da liberdade recentemente conquistada. Nesse sentido, um caso particular chama a atenção: Lewis Garrard Clarke, nascido em 1815, no condado de Madison, no Kentucky (Clarke & Clarke, 1845). Sua mãe era uma mulher escravizada e, embora não haja notícias de seu pai, acredita-se que era o fazendeiro a quem ela pertencia. Aos vinte anos, Lewis já havia realizado uma série de trabalhos remunerados, sendo obrigado a pagar uma quantia mensal ao seu senhor.

Aos 21 anos, conseguiu fugir para o Canadá — destino comum a muito escravizados —, onde, porém, não ficou muito tempo. Encaminhou-se então para Oberlin, Ohio, em busca de seu irmão Milton, que havia sido vendido anos antes. Ali, encontrou-se com Milton, com quem morou durante um tempo. Depois, retornou para o Kentucky para recuperar seu irmão mais novo, Cyrus. Viveu em liberdade com os dois irmãos e, em 1845, publicou sua autobiografia. Uma segunda edição, incluindo colaborações de Milton, foi publicada em 1846. A partir de então, passou a peregrinar por diversos estados proferindo discursos e ministrando palestras de teor abolicionista. Com o fim da Guerra Civil e declarada abolida a escravidão, retornou com seus irmãos para o Kentucky, onde morreu em 1897.

Devido às necessidades impostas pelo cativeiro, Clarke e outros escravizados foram impelidos a peregrinar pelo território estadunidense, o que causava muitas dificuldades, consequência dos constantes problemas legislativos relacionados à condição jurídica da liberdade. Nos Estados Unidos, esse problema tinha uma particularidade, devido à coexistência de estados nos quais imperavam a escravidão e os chamados *estados livres*, como destaca uma gravura presente na obra de Henry Bibb (figura 9). Em outro caso desse tipo, Mary Prince (1831) enfrentou um sério imbróglio com a justiça ao ser processada por seus antigos proprietários após a publicação de sua autobiografia. De acordo com sua narrativa, Prince nasceu em Brackish Pond, nas Bermudas, em 1788. Sua mãe havia sido escravizada na casa de Charles Myners, e seu pai era marceneiro e pertencera a uma empresa de construção naval chamada Mr. Trimingham. Ainda criança, Prince foi vendida com a mãe para um capitão chamado Darrel Williams, que a ofereceu como um presente para sua neta Betsey Williams. Prince serviu como dama de infância para Betsey até os seus doze anos, quando foi contratada como enfermeira numa casa vizinha.

Depois de um tempo, Prince foi vendida para um capitão I, que a levou para Spanish Point, também nas Bermudas. Cinco anos depois, ela foi novamente vendida, a um sr. D, que a enviou para trabalhar nas salinas das ilhas Turks, onde a jovem permaneceu vários anos, antes de retornar às Bermudas. Em 1815, Prince foi vendida para o sr. John Wood e levada para Antigua, para trabalhar como escrava doméstica. Em 1817, juntou-se à igreja morávia, onde conheceu Daniel James, um carpinteiro livre, com quem se casou em 1826. Em 1828, Prince foi obrigada a acompanhar a família Wood para a Inglaterra, o que lhe permitiu lutar na justiça por sua liberdade, tendo em vista que, na época, aquele era considerado um solo livre. Com a ajuda da Sociedade Antiescravista, em 1829, peticionou sua liberdade no Parlamento inglês, tentativa frustrada pelo retorno repentino dos Wood para Antigua.

Figura 9 *Slave State, Free State*
[Estado escravista/estado livre]
(Bibb, 1849, p. 71).

Free State

Tecnicamente livre, mas sem respaldo legal, Prince passou a trabalhar como empregada doméstica na casa do famoso poeta e abolicionista escocês Thomas Pringle, curiosamente conhecido como o "pai da poesia sul-africana", devido à centralidade que a descrição desse território possuía em sua escrita poética. Nesse período, ela ditou sua história a Susanna Moodie, escritora e membro do movimento antiescravista de Londres. Em 1831, Pringle editou e publicou a narrativa de Prince, que, apenas naquele ano, teve três tiragens, o que revela seu enorme sucesso. A publicação do livro foi rodeada de processos judiciais, envolvendo uma acusação de difamação apresentada pela família Wood, que ganhou o caso sem muitos obstáculos.

A exemplo de Mary Prince, muitos escravizados passaram a vida disputando as possibilidades da alforria. Se para alguns as autobiografias eram formas de registrar a liberdade alcançada, para outros era uma forma verdadeiramente legítima — e talvez a única disponível — de conquistá-la, como ocorreu com Charles Ball (1837). Embora não se saiba ao certo, a maior parte dos pesquisadores acredita que Ball tenha nascido por volta de 1781. Seu local de nascimento está registrado como uma das plantações de tabaco do condado de Calvert, em Maryland. Por volta de seus quatro anos, sua mãe e seus irmãos foram vendidos para outra fazenda, e Ball nunca mais teve contato com seus parentes. Ele permaneceu em Maryland, onde se casou com Judah, uma mulher escravizada numa fazenda vizinha àquela em que ele vivia. O casal se separou, forçosamente, quando ele foi vendido a um comerciante de escravos da Geórgia. Com ferros no pescoço, algemas e correntes, Ball foi obrigado a caminhar com outros 51 escravizados de Maryland até Colúmbia, na Carolina do Sul, viagem que durou mais de um mês.

Ao chegar, foi vendido ao proprietário de uma plantação de algodão e, mais tarde, trabalhou para a filha mais nova desse homem na Geórgia. Em 1809, seu "dono" morreu, deixando Ball à mercê dos filhos do antigo proprietário, que lhe perpetravam castigos cruéis. Foi então que Ball decidiu fugir do cativeiro. Durante cerca de um ano, deslocou-se a pé da Geórgia a Maryland, onde reencontrou esposa e filhos e passou a trabalhar livremente, escondido de seus antigos proprietários. Após algum tempo, Ball conseguiu acumular um razoável pecúlio, o que lhe permitiu comprar um pequeno pedaço de terra em Baltimore. Sua primeira esposa morreu em 1816, e, dois anos depois, ele se casou novamente. Em 1830, Ball foi capturado como escravo fugitivo e voltou ao cativeiro. Ele tornou a escapar, escondendo-se em um navio que rumava à Filadélfia, de onde, após algum tempo, encaminhou-se para Baltimore. Na sua ausência, a esposa e os filhos, que haviam sido legalmente libertos, foram sequestrados e vendidos como escravizados. Após esse triste incidente, Ball rumou para a Pensilvânia, com o intuito de minimizar as chances de ser recapturado. Em 1836, publicou, com a ajuda de Isaac Fischer, a quem dita sua história, a autobiografia que lhe renderia um considerável sucesso no período.

O relato de Ball é bastante parecido com o de Moses Roper, nascido em 1815 no condado de Caswell, na Carolina do Norte, filho de Henry H. Roper, fazendeiro branco, e Nancy, uma mulher escravizada. Por volta dos seis anos, foi vendido e separado de sua mãe, provavelmente por ter a pele clara e traços faciais que lembravam, embaraçosamente, o pai. Foi comprado por John Gooch, um plantador de algodão do condado de Kershaw, na Carolina do Sul. Foi então que Roper decidiu empreender sua primeira tentativa de fuga, em função dos maus-tratos perpetrados por Gooch. A tentativa não deu certo, e, em 1832, Roper foi vendido, passando pelas mãos de diversos fazendeiros da Geórgia à Florida. Finalmente, foi comprado por um homem da região de Marianna, na Flórida, conhecido nas redondezas pela crueldade com que tratava seus escravizados. Roper conseguiu fugir, caminhando por mais de seiscentos quilômetros, até Savannah, na Geórgia. Lá, em 1834, conseguiu emprego de comissário em uma escuna que navegava para o norte. A partir dali, passou por Nova York, Vermont e Massachusetts, até que, em Boston, conheceu vários abolicionistas locais, entre os quais o famoso William Lloyd Garrison.

Com sua condição de homem livre constantemente questionada pela ordem escravocrata, Roper decidiu sair dos Estados Unidos, o que realizou em 1835, a bordo de um navio chamado *The Napoleon*, com destino a Liverpool, Inglaterra. Em Londres, com a ajuda de abolicionistas, conseguiu publicar sua autobiografia em 1837. No ano seguinte, veio a público uma edição estadunidense do seu texto; dali até 1856, outras dez seriam lançadas, tanto nos Estados Unidos quanto na Inglaterra. Em 1839, casou-se com Ann Stephen Price, uma inglesa que o ajudou em seu amplo trabalho antiescravista e com quem se mudaria anos mais tarde para uma fazenda na região oeste do Canadá. Embora ele tenha convivido com o enorme sucesso de sua autobiografia e proferido centenas de discursos de teor abolicionista, os detalhes posteriores de sua vida, incluindo sua morte, são desconhecidos.

Em muitos relatos, escravizados e libertos narram diversas tentativas de formar irmandades ou comunidades de assistência mútua, principalmente no Canadá, para onde boa parte deles fugiu. Foi o caso de William Parker, que publicou sua autobiografia em 1866, apenas um ano após o fim da Guerra Civil. Parker relata suas constantes tentativas de formar uma associação clandestina para capturar sequestradores de escravos no Norte, o que se tornou muito comum principalmente depois da proibição do tráfico pela Grã-Bretanha. Parker conseguiu constituir um grupo de proteção para escravos fugidos no Canadá, que oferecia assistência para sujeitos que chegavam muitas vezes em péssimas condições de vida. Para Ira Berlin:

> As comunidades negras logo ostentavam diversas instituições — igrejas, escolas, fraternidades e sociedades beneficentes — que se dedicavam aos problemas dos escravos recém-libertados. Muitas dessas instituições se apoiavam nas associações informais clandestinas que os negros tinham criado na escravidão. Algumas se valiam de experiências que ex-escravos ganharam no contato com abolicionistas brancos que ajudaram em sua saída da escravidão. (Berlin, 2006, p. 135)

O apoio de brancos e a própria experiência eram essenciais para a fundação dessas sociedades. No entanto,

> outras eram produto das circunstâncias recentes da liberdade: a necessidade de uma série de serviços — de cuidado materno a sepultamento — bem como do desejo das pessoas livres de articular seus próprios compromissos morais e sociais. (Berlin, 2006, p. 135)

Assim, a liberdade era uma ideia que alimentava os mais diferentes projetos e motivava as estratégias possíveis de serem elaboradas diante da necessidade cada vez mais premente de transformar a condição do cativeiro. Embora esse conjunto de coisas revele a urgência da liberdade presente nas trajetórias individuais, é preciso compreender como cada uma dessas histórias cumpriu seu papel de articulação e organização coletiva, o que ocorria por meio das publicações de autobiografias, quando o discurso e a luta abolicionista organizada ganhavam relevo político e social.

O CONTRAPONTO ABOLICIONISTA

Para um indivíduo médio do século XVIII, nos Estados Unidos, na Inglaterra ou nas Índias Ocidentais, a mera possibilidade de que um dia a escravidão deixasse de existir poderia parecer absurda. Ainda assim, uma instituição com mais de trezentos anos de existência se desestruturou num intervalo de pouco mais de cinquenta anos. Não por outra razão, uma das questões mais discutidas, constituindo-se como o problema e o mote central da historiografia da abolição, é justamente a velocidade em que uma instituição tão arraigada na sociedade pôde se desintegrar.

Desde a década de 1980, muitos trabalhos têm destacado, no Brasil, em Cuba e nos Estados Unidos, o papel da *agência escrava*, materializada em diversas rebeliões de escravizados ocorridas no século XVIII e ao longo do XIX. Dentre essas rebeliões, a mais conhecida e com maior repercussão no período em que ocorreu foi, sem dúvida, a Revolução Haitiana, ou Revolta de São Domingos, como também é conhecida. Entre 1791 e 1804, teve lugar uma série de conflitos, principalmente na província norte do Haiti, nos quais a população escravizada tomou o poder da região, assassinando em torno de quatro mil brancos e incendiando cerca de 180 engenhos de açúcar. Àquela altura, o Haiti era responsável pela exportação de mais de 40% do açúcar destinado à Europa e, por essa razão, concentrava, ao lado da Jamaica, a maior produção no Caribe.

Na clássica interpretação de C.L.R. James (2010), em *Os jacobinos negros*, a revolução ocorrida em São Domingos resultou de três fatores centrais, a saber: a grande quantidade de africanos em relação à população branca (uma média de oito negros para um branco), as políticas discriminatórias da população negra livre e o impacto da Revolução Francesa, deflagrada em 1789 e que poderia colocar o domínio colonial em xeque. Constituindo-se como a primeira colônia liberta da opressão estrangeira na América Latina, o Haiti teve, entretanto, de lidar com o próprio isolamento em relação ao continente, uma vez que continuava cercado pelas três grandes regiões nas quais o regime escravista era ainda florescente (Brasil, Estados Unidos e Cuba).

Antes disso, em 1760, outra rebelião havia aterrorizado o Caribe. Na Jamaica, entre maio e julho, milhares de escravizados se sublevaram, assassinando mais de oitenta brancos e tomando o poder das plantations. A rebelião foi liderada por Tacky, africano de origem fante (povo cujo território se situa na atual Gana) que havia sido chefe supremo antes de ser escravizado nas Índias Ocidentais. Ela foi contida, resultando em quatrocentas mortes de africanos escravizados e deixando um rastro de medo nos senhores das plantations, que perceberam a necessidade de arregimentar suas forças para manter a população sob o jugo do cativeiro e do trabalho (Rodriguez, 2006; Burnard, 2004, p. 170-2). Mais de meio século depois, outra rebelião, em Demerara-Essequibo, também colônia inglesa, colocou dez mil escravizados contra a população branca. Em 1823, dois dias depois do início do conflito, a rebelião foi brutalmente esmagada pelos colonos, sob as ordens do governador John Murray. Cerca de 250 escravizados morreram, e, após a insurreição, outros 27 foram executados (Costa, 1998). Essas mortes tiveram grande impacto no movimento abolicionista britânico; após a independência da Guiana, Quamina, que se acredita ter sido o líder da rebelião, foi declarado herói nacional.

Esses acontecimentos representam, para muitos historiadores, a principal motivação para o fim da escravidão, uma vez que sintetizam a impossibilidade de reprodução do sistema pela via da negação dos sujeitos que por ele eram explorados. Essa é a tese central de *Onda negra, medo branco*, da historiadora Celia Maria Marinho de Azevedo (1987), que busca compreender as diferentes visões acerca da figura do escravizado produzidas por políticos, médicos, acadêmicos e policiais, preocupados com a generalização dos conflitos sociais, como as rebeliões, e com a possível perda de controle dos cativos. Dessas visões, não sem disputas, muitos projetos vieram a lume, por exemplo, a política imigrantista que começou a ser esboçada no Brasil em fins do século XIX, sendo estabelecida após o fim da escravidão.

Outras perspectivas destacam o aspecto econômico. Como vimos, desde fins do século XVIII e, principalmente, ao longo do século XIX, incidiram sobre a produção escravista nas Américas profundas transformações, ligadas ao desenvolvimento da industrialização, que passava a impor demandas cada vez maiores de matérias-primas para a fabricação de mercadorias de relativa importância na Europa. Esse cenário foi devidamente descrito e analisado por Eric Williams, em um dos livros mais debatidos do século XX. Em *Capitalismo e escravidão*, Williams (2012) destaca a escravidão como um fenômeno eminentemente econômico, fundamental para a acumulação do capital que possibilitou o arroubo industrial da Inglaterra de fins do século XVIII. Entretanto, o desenvolvimento das forças econômicas do capitalismo industrial, motivado pela produção escravista, foi decisivo para o fim da escravidão, que teria entrado em crise, na primeira metade do século XIX, justamente no tocante à dimensão econômica.

Contudo, como demonstrou Seymour Drescher, ao contrário de uma visão durante muito tempo arraigada de que o Sul dos Estados Unidos era essencialmente atrasado em relação ao Norte industrializado, os dados quantitativos revelam que não havia propriamente uma crise na produção escravista, muito menos nas sociedades em que ela se constituía como base econômica. De 1820 a 1860, a produção de algodão no Sul dos Estados Unidos forneceu mais da metade do valor das exportações internas do país, de modo que, antes da Guerra Civil, a região teve um crescimento *per capita* maior e mais rápido que o Norte no mesmo período.

> Pelos maiores indicadores de dinamismo, tais como tecnologia agrícola, bancos e até mesmo manufatura, o sul de 1860 "estava acima da média mundial", bem à frente do Brasil, seu maior equivalente escravista nas Américas. Um cálculo coloca a economia do sul entre as economias dos países europeus do meio da classificação, como Espanha, Áustria, Noruega e Portugal. Outros a colocaram em uma posição mais alta — entre as economias mais avançadas da Europa contemporânea. (Drescher, 2011, p. 422-3)

Seja como for, nenhum tema chamou tanto a atenção de historiadores preocupados com o fim da escravidão quanto a atuação do movimento abolicionista organizado. A criação das dezenas de sociedades abolicionistas e de associações pelo fim da escravidão desde fins do século XVIII, cujo centro e modelo era Londres, só pode ser compreendida a partir de um olhar transnacional, como elas próprias elaboraram em seus discursos. Essas experiências representam, para muitos, os primeiros exemplos de uma sociedade civil organizada em prol de uma causa comum.

O princípio da livre-associação tem, nos Estados Unidos, um papel especial para a identidade nacional, uma vez que a partir do segundo quarto do século XIX os estadunidenses passaram a ser encorajados a pensar a própria nação "como uma sociedade associativa, organizada por agentes livres autônomos e perpetuamente engajada na ação voluntária coletiva" (Drescher, 2011, p. 430). Esse princípio foi observado, entre outros casos referenciais, durante os conhecidos Debates Lane, ocorridos em 1829 em Cincinatti, Ohio. Motivados pelo tema do reenvio gradual dos negros para a África, que era àquela altura um projeto de destaque no Congresso, seminaristas da universidade local passaram a aderir ao imediatismo emancipacionista como contraproposta ao projeto em discussão. O resultado dos debates não foi apenas a conclusão de que a livre-associação dos estudantes era importante para a avaliação do tema, mas se pautava, principalmente, na própria recusa de afro-americanos em deixarem os Estados Unidos (Covert-Warnes, 2006, p. 247).

As associações e os debates por elas promovidos tinham como referência, como já foi dito, o movimento abolicionista britânico, em virtude de seu pioneirismo e relativo sucesso. Desde fins do século XVIII, associações civis na Inglaterra tinham o poder de mobilizar centenas de pessoas com o objetivo de pressionar o Parlamento a legislar contra o tráfico de africanos e contra a própria escravidão. Foi por meio dessa mobilização que o Estado britânico extinguiu o tráfico e aboliu a escravidão em seus territórios, como também passou a adotar essa postura no que diz respeito a sua política externa. Associações e grupos abolicionistas de outras nações adotaram o modelo britânico, de modo que estavam determinados a suprimir o sistema escravista, preservando a ordem institucional e social.

Ao longo de sua existência, as sociedades abolicionistas, sobretudo na Grã-Bretanha, compartilharam a religião como mote de suas ações. Para Antonio Penalves Rocha (2009, p. 17), todavia, a história do movimento abolicionista britânico se divide em duas fases. A primeira, a partir de 1780, tinha como objetivo central o fim do tráfico de africanos e era liderada pela Sociedade pela Abolição do Tráfico de Escravos (Society for the Abolition of the Slave Trade). O intuito dessa sociedade se vê concretizado em 1807, quando o tráfico foi abolido pelo Parlamento. Dali até 1820 houve um refluxo do movimento, o que mudaria a partir de 1823, com a fundação da Sociedade pela Mitigação e Abolição Gradual da Escravidão em Todos os Domínios Britânicos (Society for the Mitigation and Gradual Abolition of Slavery Throughout the British Dominions), que voltava a agitar a discussão.

Com o fim da escravidão nos territórios coloniais britânicos, em 1833, muitos abolicionistas começaram a se preocupar com o estado dos libertos nas Índias Ocidentais, além da manutenção da escravidão nas colônias do Oriente. Por essa razão, foi fundada, em 1839, a Sociedade Antiescravista Britânica e Estrangeira (British and Foreign Anti-Slavery Society), que atuou com esse nome até 1909. A década de 1830, importante para o abolicionismo britânico, foi o momento de estopim para as organizações estadunidenses, a partir das diversas experiências de tentativa e erro — mas também de sucesso — de suas precursoras inglesas.

Nesse contexto, é fundada a Sociedade Antiescravista Americana, meses após a aprovação da lei de emancipação britânica, em 1833. Apenas cinco anos após o surgimento dessa sociedade, havia 1.346 organizações de cunho antiescravista nos estados do Norte, que contariam com mais de cem mil membros (Drescher, 2011, p. 431). Uma característica da atuação das sociedades antiescravistas nos Estados Unidos foi a prática de divulgação de petições públicas, via jornais e impressos. A assinatura e a divulgação das petições tinham como objetivo demonstrar não somente o apoio massivo à causa antiescravista, como também pressionar o Congresso utilizando algo caro à memória política estadunidense: a capacidade de união diante de uma causa comum.

Se por um lado as petições eram produto da força social de mobilização dos abolicionistas, por outro não encontravam eco no Congresso: poucos membros nortistas estavam dispostos a defender as petições e moções referentes à abolição. Na verdade,

> as petições de 1835-1838 demonstraram que os abolicionistas não constituíram a corrente principal do eleitorado. Ainda assim, os sulistas mais radicais não estavam dispostos a seguir o procedimento usual de apenas deixar as petições em banho-maria. Precisamente por causa do antecedente criado pela emancipação britânica, a atividade peticionária antiescravista, embora se limitasse às fronteiras da escravidão, poderia ser interpretada como uma cunha que calçaria a emancipação nacional. (Drescher, 2011, p. 437)

Exatamente por essa razão, o Congresso aplicou a "lei da mordaça", de modo que as petições não eram sequer recebidas, muito menos lidas e processadas. Diante disso, as sociedades e organizações civis tiveram de encontrar outras formas de divulgar suas ideias e de se fazer presentes no debate público. Àquela altura, as primeiras autobiografias de escravizados já contavam com sucesso e reconhecimento público. Mas comprovar a relação entre a publicação desses textos e as diversas sociedades abolicionistas não é uma tarefa fácil.

A rigor, sabe-se que durante um período bastante importante da atuação de abolicionistas britânicos houve pouco interesse pelo depoimento dos milhares de ex-escravizados na Grã-Bretanha ou mesmo nos Estados Unidos (Horschild, 2007, p. 173). Ainda assim, muitos dos autores autobiografados apresentados até aqui circularam entre abolicionistas, e há indícios fortes de que em momentos-chave a relação entre esses sujeitos foi concreta e direta.

Equiano, que em 1792 já havia publicado sua autobiografia, é apresentado em um jornal inglês do seguinte modo:

> Bem conhecido na Inglaterra como guerreiro e defensor da extinção do tráfico de escravos, casara-se em Soham, no condado de Cambridgeshire, na presença de um grande número de pessoas reunidas na ocasião. (*apud* Drescher, 2011, p. 190)[43]

Em outro momento, o mesmo autor aparece referido por seu nome de escravizado, "Gustavus Vassa, com sua esposa branca, está em Edimburgo" (*apud* Equiano, 1789, p. 371),[44] também num jornal de grande circulação. A presença de Equiano nos jornais é explicada pelo sucesso que sua autobiografia havia conquistado até aquele momento. Mas o mais importante é que ele já era uma voz do antiescravismo de relativo alcance no meio em que vivia. Não era raro que autobiografados fossem convidados por abolicionistas para escrever artigos curtos para a imprensa ou fossem chamados a falar publicamente, como se deu com Quobna Ottobah Cugoano, convidado no verão de 1787 a palestrar em Londres (Horschild, 2007, p. 175-6).

---

43 *General Evening Post*, 19-21 abr. 1792.
44 *Gazetter and New Daily Advertiser*, 30 maio 1792.

Em outros casos, eles eram chamados para as sociedades de debates, então já estabelecidas, como indica uma notícia de 1788, onde se lê:

> Um NATIVO DA ÁFRICA, durante muitos anos escravo nas Índias Ocidentais, estará presente e comunicará aos ouvintes diversas circunstâncias muito marcantes relativas ao tratamento dos escravos negros junto com várias circunstâncias interessantes relativas à conduta dos proprietários de escravos em relação às mulheres africanas. (*apud* Horschild, 2007, p. 177)

Em outro anúncio, no *Morning Post*, em referência a uma discussão travada em um grupo de debates sobre a escravidão, lia-se: "Um engenhoso africano contribuiu com muitas informações sobre o assunto" (*apud* Horschild, 2007, p. 177). Esses africanos eram, possivelmente, Equiano e Cugoano, e sua participação em sociedades de debates e palestras era justificada pelo sucesso de suas publicações. O livro de Cugoano atraiu tantos leitores que, em 1787, teve três reimpressões; quatro anos depois já havia sido traduzido para o francês (Horschild, 2007, p. 177). O próprio Cugoano se responsabilizou pela venda da obra. Em uma carta de 1791 ao abolicionista Granville Sharp, escreveu: "Nos últimos três meses, fui a mais de cinquenta lugares, mas a cor é um preconceito dominante" (Cugoano, 1825, p. 196).

O epistolário também é um indício da relação entre autobiografados e abolicionistas. No mesmo ano em que um comitê inglês enviou o famoso abolicionista Thomas Clarkson à França, Equiano peregrinou pela Inglaterra, proferindo palestras pelo fim da escravidão. Numa dessas viagens, na qual Equiano visitou um clérigo chamado Jones, no Trinity College em Cambridge, Clarkson (*apud* Horschild, 2007, p. 213) enviou ao religioso uma carta que dizia o seguinte:

Caro *sir*,

> Tomo a liberdade de lhe apresentar Gustavus Vassa (Equiano), o mensageiro, um africano muito honesto, engenhoso e diligente, que deseja visitar Cambridge. Leva com ele algumas histórias que contêm sua própria vida escritas por ele mesmo, as quais pretende vender para pagar sua viagem. Seria muito bom se o senhor recomendasse a venda de algumas delas, será um favor a seu desde já muito grato e obediente servo,
>
> Thomas Clarkson[45]

Equiano era então uma figura pública familiar, de modo que, ao descrever uma discussão sobre escravidão ocorrida em Coachmakers' Hall, um jornal de Londres relatou que um orador que defendia a escravidão foi formidavelmente "retrucado por um africano (que não era Gustavus Vassa)" (*apud* Andrews, 1986, p. 258-9).[46] A necessidade de afirmar que não se tratava do conhecido Vassa revela a predisposição em ler, cotidianamente, seu nome estampado nas manchetes, a tal ponto que até mesmo a já conhecida feminista Mary Wollstonecraft, defensora do direito das mulheres ao sufrágio, escreveu e publicou uma resenha sobre o livro do africano (Ferguson, 1992).

Outros indícios podem ser encontrados nas próprias publicações autobiográficas. Como já foi dito, grande parte dos livros publicados por escravizados e libertos trazia prefácios escritos em geral por pessoas de reconhecida atuação antiescravista, embora não necessariamente estivessem ligadas às associações e sociedades abolicionistas. É o caso de

---

[45] Carta de Clarkson para Jones, 9 jul. 1789, Cambridgeshire County Record Office, Vassa 132/b- 1-17.
[46] *Times*, 7 maio 1789.

Benjamin F. Prentiss, que assina a autobiografia de Jeffrey Brace. Prentiss foi um advogado da região de Richmond, Virgínia, que passou boa parte da vida em Vermont. No prefácio da autobiografia de Jeffrey Brace, na qual participou como transcritor, Prentiss afirma:

> Quando olhamos para o costume das nações europeias e dos Estados Unidos de comprar, roubar e lançar às correntes da escravidão os negros da África, sendo esse costume sancionado pelas leis de vários governos [...] [e] eles [os negros], trocados, vendidos e utilizados como animais de carga, para a desgraça da civilização, da liberdade civil e do cristianismo, todos os sentimentos varonis se enchem de indignação diante desse espetáculo horrendo, e quem houver testemunhado a situação miserável e degradante à qual esses mortais infelizes são reduzidos, nas Índias Ocidentais e nos estados do sul dos Estados Unidos, deve inescapavelmente ser levado a perguntar: a civilização produz barbárie? A liberdade permite a tirania? O cristianismo nega a humanidade que professa? (Brinch & Prentiss, 1810, p. 6-7)

A indignação de Prentiss, incisiva e direta, expressa o ímpeto antiescravista que emerge dessa curiosa figura histórica, que, embora não fizesse parte das fileiras abolicionistas, envolveu-se com a luta de Brace para fugir da escravidão.[47]

A autobiografia de William Grimes, por sua vez, embora não tenha um prefácio que legitime seu conteúdo, recorre a uma interessante estratégia, adotada pelo autor para dar credibilidade ao texto. Na ausência de alguém que pudesse prefaciá-lo, Grimes registra seu livro no Tribunal Distrital

---

[47] Kari Winter (2011) realizou uma interessante pesquisa a respeito de Benjamin Prentiss.

dos Estados Unidos em Connecticut, como é possível verificar, no início da obra, pela assinatura do escriturário Charles A. Ingersoll, que mais tarde se tornaria juiz do mesmo tribunal. O registro assumia o papel de atribuir ao documento *fé pública*, tornando seu autor e o próprio tribunal — pelas mãos do escriturário — plenamente responsáveis pela autenticidade do texto.

Algo parecido foi feito por Venture Smith, neste caso em um prefácio, que confere autoridade ao texto, ao inscrever:

> O seguinte relato da vida de Venture é uma relação de fatos simples, nada havendo sido adicionado, substancialmente, ao que ele relatou de si mesmo. [...] Se alguém suspeitar da verdade do que está escrito aqui, deverá procurar as pessoas que ainda vivem e estão familiarizadas com a maioria dos fatos mencionados na narrativa. (Smith, 1798, p. 3)

Por alguma razão não aparente, ou para evitar perseguições, o texto não está assinado. Entretanto, ao fim do relato é possível ver a firma de cinco homens, que certificam sua autenticidade: Nathaniel Minor, Elijah Palmer, capitão Amos Palmer, Acors Sheffield e Edward Smith. Não encontrei referências históricas a esses nomes, com exceção do capitão Palmer e de Nathaniel Minor, que aparecem enredados em um incêndio na propriedade de Palmer, ocasionado por Minor. Embora não se possa afirmar seu envolvimento com sociedades abolicionistas, é bastante provável que eles fossem ao menos antiescravistas ou, no mínimo, simpatizassem com a trajetória pessoal de Venture. Seja como for, a estratégia adotada por Venture Smith se repetiu em outras publicações, que também traziam certificados assinados.

Contudo, nenhum caso foi tão evidente quanto o de Equiano. Na edição de 1789 de sua narrativa, há uma lista de mais de trezentos nomes que subscrevem seu relato. Na época, era comum a existência de subscritores, pessoas que encomendavam exemplares e pagavam a metade do preço do livro previamente, financiando as despesas da impressão (Horschild, 2007, p. 179). Na lista de Equiano estavam Clarkson e Granville Sharp, ambos famosos abolicionistas do período, o bispo de Londres e o príncipe de Gales, além de condes, duques e membros do Parlamento.

Lendo as autobiografias na longa duração, acredito que esses textos tenham se tornado uma importante matriz referencial para o discurso abolicionista. Esse discurso, por sua vez, construiu imagens, visões e representações da figura do escravizado que animavam os debates e davam consistência aos projetos discutidos e levados a cabo. Talvez a principal imagem do cativo elaborada pelo abolicionismo estadunidense, partindo do referencial britânico, tenha sido a do "irmão da família humana" (Azevedo, 2003, p. 99). Isso se confirma, entre outras razões, pela "Declaração de sentimentos da sociedade americana contra a escravidão", onde se leem diversas passagens que aludem ao tamanho do pecado que é reprimir o desejo da liberdade, de origem divina e concedida a todos os homens como uma dádiva. O leitor da declaração, portanto, "deveria ser lembrado de seus deveres em relação ao escravo negro como cristão e como herdeiro da Revolução Americana" (Azevedo, 2003, p. 101).

A imagem do escravo-irmão era nutrida por documentos como essa declaração, mas também por meio dos sermões, dos pequenos textos de divulgação na imprensa e, em especial, das autobiografias que acabavam por evidenciar a tragédia vivida por pessoas na condição de escravização. Os textos autobiográficos, desse modo, colaboraram enormemente para reforçar a ideia de que os escravizados compartilhavam a humanidade com os leitores brancos, que deveriam se sentir religiosamente chamados a defender a causa antiescravista.

Assim, como um importante recurso de divulgação e propaganda do abolicionismo, seja nos Estados Unidos, seja na Grã-Bretanha, as autobiografias ofereciam a matéria social, por meio da experiência vivida, com a qual se angariaria o apoio da sociedade. Por outro lado, e de modo complementar, o discurso abolicionista acabava por legitimar, ainda que de forma indireta, a publicação dessas autobiografias, dando-lhes vazão social. Seria possível investigar esse aspecto analisando a imprensa do período, sobretudo a abolicionista, embora isso escape aos limites deste livro. Mas a hipótese se torna ainda mais plausível na medida em que há uma investida do discurso escravista ao longo dos primeiros cinquenta anos de publicação das autobiografias de escravizados.

Frente às cada vez mais recorrentes narrativas de escravizados, operou-se uma *ofensiva escravista*, que ora assumia o papel de negar a veracidade das histórias relatadas, ora apenas procurava explicações e argumentos para a manutenção da escravidão que parecessem mais plausíveis ou viáveis economicamente. Para Drescher, "uma das características de maior destaque dos defensores da escravidão no Sul dos Estados Unidos é que seus argumentos se tornaram cada vez mais inflexíveis e gerais" (Drescher, 2011, p. 436). Em outras palavras, enquanto todas as demais sociedades escravistas do período pareciam ter um consenso a respeito do *problema da escravidão*, o discurso sulista colocava a defesa do sistema como algo central para sua autodefinição enquanto comunidade. A retórica pró-escravista, desse modo, possuía como interlocutores os variados artigos abolicionistas, mas provavelmente as próprias autobiografias, que ofereciam recursos contra-argumentativos bastante sólidos, considerando a moral cristã que permeava essa disputa ideológica. Esse conjunto de situações possibilita outro olhar para a relação entre escravizados e abolicionistas, indo além de uma visão generalista das sociedades antiescravistas ou, ao menos, evidenciando relações que, muitas vezes, passaram despercebidas aos olhos do historiador.

Com o fim da Guerra Civil, em 1865, e a consequente abolição, os movimentos e as associações abolicionistas se desintegraram com relativa rapidez, em contraste com o movimento britânico, que até hoje é residual na sociedade civil. Assim, destaca-se a continuidade até o fim do século da publicação das autobiografias, que, por essa razão, acabaram tomando a frente da defesa dos direitos civis, constantemente ameaçados. Mudou-se o sistema, mas o tom de denúncia se manteve, tendo em vista que a instabilidade social advinda da profunda hierarquização racial expressa nos códigos negros sulistas continuava a impedir o acesso pleno à liberdade. Mesmo nesse período uma combinação de dois elementos se manteve de forma substancial, assim como nas autobiografias do início do século: o fundo religioso e o tensionamento constante à nação.

A NAÇÃO TENSIONADA

Nações, como já afirmou Benedict Anderson (2011), são também "comunidades imaginadas". A nação é fruto de uma imagem mental de afinidades mútuas, uma vez que os sujeitos que compõem essa unidade artificial desconhecem uns aos outros, mas imaginam um repertório comum de experiências compartilhadas, da qual a própria nação é o objeto central. Forjar a nação, assim, é um trabalho que envolve muitas instâncias da vida concreta. Do mesmo modo, os materiais e os suportes utilizados na constituição de uma nação muitas vezes se apresentam previamente, como produtos de processos históricos diversos e difusos, ou são eles próprios "inventados", como tradições que se supõem milenares (Hobsbawm & Ranger, 1997).

Mas a nação como a concebemos não é um resultado, não é um fim em si mesma; pelo contrário, trata-se de um moto-contínuo ou, como disse Ernest Renan (1992), em 1882, "um plebiscito diário". Fenômeno tipicamente moderno, as ideias de nação e de nacionalismo não são anteriores ao século XVIII. Antes dele, os elementos centrais que lhe dão corpo se forjaram num cenário de conquistas coloniais, guerras por independência e práticas legais de definições dos povos. Uma nação, assim, constitui-se numa relação de alteridade e espelhamento que, de modo consciente ou não, trata de estabelecer um lugar para cada pessoa, seja no interior de fronteiras politicamente elaboradas, seja fora delas.

Uma nação não é, ou não poderia ser, apenas fruto de tomadas conscientes de decisões da chamada alta política. Os "altos escalões", expressos em políticos, líderes e religiosos comprometidos com o estabelecimento de uma nação moderna, frequentemente se encontram em situações de questionamento, tensionamento e conflito com as chamadas "camadas populares", que, em um gradiente variado de ações, negam, reelaboram ou incorporam a nação como um projeto, ou projetos, em disputa.

Essas breves reflexões não são novidades para historiadores do Oitocentos, já habituados a olhar com cuidado para a formação de Estados nacionais e nacionalismos. Uma vasta produção historiográfica sobre o tema está em desenvolvimento desde o século XIX, evidenciando as transformações pelas quais as ideias de nação e as práticas dos nacionalismos passaram e ainda passam.[48] Atualmente nos vemos envoltos em questões de ordem mundial que demonstram os conflitos perenes que ideias como "fronteira", "soberania", "segurança" e "identidade nacional" ainda alimentam. Mas, em meio a essa diacronia, a esse universo de reflexões sobre a nação, quero destacar aqui breves notas sobre a atuação de alguns autores de autobiografias da escravidão diante da formação da nação estadunidense. O intuito é menos avaliar os processos históricos que explicam a constituição dos Estados Unidos como uma nação moderna (ou como o modelo de uma, como se pretendeu) e mais situar as reelaborações desses processos nos textos autobiográficos e abolicionistas produzidos por escravizados ou egressos da escravidão em fins do século XVIII e ao longo do XIX.

Já falamos sobre a autobiografia de William Grimes, mas acredito que seu texto revele centralmente o impacto e o alcance do questionamento à nação. A conclusão do documento é incisiva a esse respeito:

> Espero que alguns comprem meus livros por caridade, mas não sou um pedinte. Agora, estou totalmente destituído de propriedade; onde e como viverei, eu não sei; onde e como morrerei, eu não sei, mas espero estar preparado. Se não fosse pelas listras em minhas costas, feitas enquanto eu era escravo, deixaria em meu testamento minha pele como um legado para o governo, na expectativa de que ela pudesse ser retirada, transformada em pergaminho e encadernada à Constituição da América gloriosa, feliz e livre. Deixem a pele de um escravo americano unida à carta da liberdade americana. (Grimes, 1825, p. 64)

---

48 É possível encontrar um debate sobre o tema em Hobsbawm (2008).

O sentido que Grimes atribui a sua narrativa é o legado da liberdade como patrimônio da nação. Quando sugere que sua pele está unida à constituição da liberdade americana, ele traz para o centro do debate aquele que é considerado o principal texto fundador da nação. A referência à Constituição dos Estados Unidos no texto de Grimes não é uma característica peculiar; a maior parte das autobiografias coloca em questão a Carta de 1787, discutida e aprovada pela Convenção Constitucional na Filadélfia, Pensilvânia. A Declaração de Independência dos Estados Unidos é outro texto de importância nacional que aparece de modo recorrente nas narrativas de escravizados. As "verdades evidentes por si mesmas" enunciadas no início da declaração — "todos os homens são criados iguais, [...] são dotados pelo Criador de certos direitos inalienáveis, entre os quais estão a vida, a liberdade e a busca de felicidade" (Armitage, 2011, p. 139) — são recorrentemente compreendidas como privilégios de homens brancos em relação aos demais grupos da sociedade.

Jeffrey Brace, como vimos, apelido de Boyrereau Brinch, nasceu na África Ocidental por volta de 1742 e foi escravizado em Connecticut até 1784. Embora fosse letrado, narrou sua história para Benjamin Prentiss, devido à cegueira ocasionada por uma doença. No prefácio do livro, Brace escreve as seguintes palavras:

> No século passado, muitos sentimentos de barbárie e de superstição foram abolidos, "e a pura e santa liberdade" parece estar beirando a perfeição. O Parlamento da Grã-Bretanha emancipou seus irmãos católicos; os defensores da liberdade dos africanos têm feito tremer as paredes da Câmara dos Comuns reverberando o trovão de sua eloquência, e uma emancipação parcial foi efetuada em seus domínios

estrangeiros. Na América, esse espírito de liberdade, que nos estimulou a sacudir o jugo estrangeiro e a nos tornar uma nação independente, fez com que os estados da Nova Inglaterra emancipassem seus escravos, e há apenas um borrão que mancha o brilho do nome americano, permitindo a escravidão sob uma Constituição que declara que "toda a humanidade é naturalmente e de direito livre". Aqueles que desejam preservar a Constituição do nosso governo geral, manter sagrados os princípios invejáveis e inestimáveis pelos quais nos regemos, e desfrutar da liberdade natural do homem deve embarcar na grande obra de exterminar a escravidão e promover a emancipação geral. (Brinch & Prentiss, 1810, p. 7-9)

Os argumentos sustentados por Brace a respeito da mancha que a escravidão representava para o nome da América não eram novidade em uma nação que se viu construída sobre fortes raízes étnicas. Desde que, em 1607, a Companhia da Virgínia fundou com uma carta régia aquela que seria a primeira das Treze Colônias, a história da ocupação britânica na parte norte do continente americano foi motivada pela busca do lucro e pelo desejo de expandir o poder inglês e difundir o protestantismo (Zinn, 1980). Mas, no fim do século XVII e no início do XVIII, a vida econômica, social, religiosa e política das colônias passou a ser cada vez mais caracterizada por dois conceitos aparentemente contraditórios: liberdade e escravidão.

Entretanto, como afirmou Ira Berlin, "a liberdade, [assim] como a escravidão, não estava definida, sendo constantemente reelaborada". Essa dinâmica, que estabelece o significado de uma condição em sua relação com a outra, promoveu a diferença entre grupos de um território que se imaginava unificado. Mas "americano" não poderia ser qualquer um dentro desse território. Como continua

Berlin (2006, p. 14), "a escravidão, assim, criou uma classe, tal como criou uma raça e, ao entrelaçar os dois processos, mistificava ambos".

Os Estados Unidos foram formalmente reconhecidos como uma nação em 1783, com a assinatura do Tratado de Paris. Um ano antes, o francês John de Crèvecouer, radicado em Nova York, publicou na Inglaterra o livro *Letters from an American Farmer* [Cartas de um fazendeiro americano], no qual inscreveu a pergunta que representava o espírito de sua época: "O que, então, é o americano, esse novo homem?". Em sua resposta, ele indicou que a América era um lugar onde

> [...] indivíduos de todas as nações são fundidos em uma nova raça de homens cujas obras e descendentes um dia provocarão grandes mudanças no mundo. Os americanos são os peregrinos ocidentais, carregando consigo aquela grande massa de artes, ciências, vigor e indústria que começou há muito tempo no Oriente. [...] O americano é um novo homem, que age segundo novos princípios; por isso, ele deve cultivar novas ideias e formar novas opiniões. [...] Isso é o americano. (Crèvecouer, 1983, p. 69-70)

Eis a política da diferença. Ao definir o "americano", o francês definia quem não o era, ou quem não poderia sê-lo. Se esse novo homem era um "peregrino ocidental", todas as outras pessoas, consideradas não ocidentais, eram colocadas como não americanas, embora compartilhassem a vida no território. A definição de Crèvecoeur representava em grande medida o discurso oficial da nova nação, que, contudo, não deixou de ser questionado, sendo o discurso abolicionista certamente o seu mais forte opositor.

Em 1787, Josiah Wedgwood criou o medalhão que representaria a campanha abolicionista travada pela Society

Figura 10 *Am I not a man and a brother?* [Não sou eu um homem e um irmão?]. Arte do medalhão criado por Josiah Wedgwood como parte da campanha antiescravista, em 1787.

for Effecting the Abolition of the Slave Trade [Sociedade pela abolição do comércio de escravos]. O medalhão, que ficou conhecido como "Africano de joelhos em postura de súplica", trazia como legenda a pergunta "Não sou eu um homem e um irmão?" (*Am I not a man and a brother?*). A imagem e a legenda se tornaram símbolo da luta abolicionista de fins do século XVIII (Mulvey, 2010). A pergunta de Wedgwood era uma resposta em tom interrogativo à pergunta anterior de Crèvecoeur, e pode ser lida como: "Não são os afro-americanos também americanos?". O que estava em jogo era o direito à nação, e uma das batalhas que representavam esse conflito em relação à nacionalidade era travada no campo ideológico.

A melhor resposta a essa pergunta foi produzida por Frederick Douglass em 1852. Convidado pela Sociedade Abolicionista das Mulheres de Rochester a pronunciar um discurso em homenagem ao dia da independência dos Estados Unidos, Douglass protagonizou um momento épico da história do país, oferecendo uma síntese histórica do lugar de uma pessoa negra escravizada perante a grande nação da democracia e da liberdade. A pergunta de Douglass foi: "O que significa o 4 de julho para um escravizado?". Sua resposta:

> Esse 4 de julho é de vocês, não meu. Vocês podem se alegrar, mas eu devo lamentar. Arrastar um homem agrilhoado até o grande e iluminado templo da liberdade e convocá-lo a acompanhá-los em hinos alegres foi uma zombaria desumana e uma ironia sacrílega. Cidadãos, vocês queriam zombar de mim pedindo que eu falasse hoje? [...]
> Meu assunto, então, concidadãos, é a escravidão americana. Olharei para o dia de hoje e suas características populares do ponto de vista do escravo. Identificando-me com o servo

americano, tornando suas injustiças minhas, não hesito em declarar, com toda a minha alma, que o caráter e a conduta desta nação nunca me pareceram tão vergonhosos quanto neste 4 de julho! Se nos voltarmos para as declarações do passado ou para as profissões do presente, a conduta da nação parece igualmente horrível e revoltante. A América é hipócrita em relação ao passado, em relação ao presente e se presta solenemente a ser hipócrita em relação ao futuro. Permanecendo, nesta ocasião, junto a Deus e junto ao escravo esmagado e sangrando, em nome da humanidade ultrajada, em nome da liberdade acorrentada, em nome da Constituição e da Bíblia, que são desconsideradas e espezinhadas, ousarei pôr em causa e denunciar, com toda a ênfase que puder, tudo que servir para perpetuar a escravidão — o grande pecado e vergonha da América! (Foner, 1999, p. 188-9)

Colocando em xeque a narrativa histórica dos Estados Unidos e desconfiando do futuro de uma nação que mantém em suas terras a política da escravidão, Douglass oferece uma saída:

> Se eu tivesse a capacidade de ser escutado pela nação [diria que] [...] O sentimento da nação deve ser acelerado, a consciência da nação deve ser despertada, a justeza da nação deve ser surpreendida, a hipocrisia da nação deve ser exposta, e seus crimes contra Deus e contra o homem devem ser proclamados e denunciados. (Foner, 1999, p. 192)

Para ele, a denúncia da hipocrisia estadunidense e a exposição sem meios-termos da consciência fendida de um povo adormecido eram os primeiros passos para revolver o movimento da nação e guiá-la para outro rumo. E ainda arremata:

O que é o 4 de julho para o escravo norte-americano? Eu respondo: um dia que lhe revela, mais que todos os outros do ano, a injustiça e a crueldade flagrantes das quais ele é constantemente vítima. Para ele, sua celebração é uma farsa, sua alardeada liberdade é uma licença profana; sua grandeza nacional, dilatada vaidade, [...] seus gritos de liberdade e igualdade, zombarias ocas; suas orações e hinos, seus sermões e ações de graças, com toda a sua demonstração de religiosidade e solenidade, são, para ele, mera fraude, engano, impiedade e hipocrisia — um fino véu para encobrir crimes que desgraçariam uma nação de selvagens. Não há uma nação na terra culpada de práticas mais chocantes e sangrentas que o povo dos Estados Unidos neste momento. [...] Concidadãos! [...] A existência da escravidão neste país marca seu republicanismo como uma farsa, sua humanidade como um fingimento e seu cristianismo como uma mentira. Ela destrói seu poder moral no exterior; ela corrompe seus políticos em casa. [...] Ela é a força antagônica em seu governo, a única coisa que perturba seriamente e põe em perigo sua União. (Foner, 1999, p. 202-3)

O tensionamento e os conflitos que se apresentaram na constituição dos Estados Unidos como nação estiveram também presentes nos mais variados processos históricos de construção dos Estados modernos. Eles foram produzidos por meio de revoltas populares, de imbróglios parlamentares, de guerras e conflitos armados e também no campo ideológico, na batalha das ideias. Chamo a atenção, aqui, para a forma pela qual esse movimento se apresentou também nas publicações de autobiografias de escravizados, que expressavam denúncias e elaborações sobre aqueles que eram considerados os pilares da nação. Isso ocorreu, sobretudo, por meio do discurso abolicionista, que, ao questionar o sentido da escravidão e ao inverter a teologia cristã, acabava por virar de cabeça para baixo uma nação que via a si mesma como uma terra prometida para a civilização branca, europeia e protestante. Africanos e seus descendentes, levados à força para uma terra de cativeiro, não deixaram de perseguir a liberdade nas suas mais diversas definições, mesmo que isso significasse refazer as estruturas de um mundo que via a si mesmo como novidade.

Palavras finais

Meus trinta anos

Quando olho para o espaço percorrido
Desde o meu berço e todo o meu progresso,
Estremeço e saúdo meu sucesso
Mais por terror que por amor movido.

Espanta-me o combate que eu, renhido,
Sustentei contra a sorte vil e fria,
Se é que posso assim chamar a porfia
De um ser tão infeliz e malnascido.

Trinta anos há que estou vivo na terra.
Trinta anos há que, em gemedor estado,
Triste sina em todo lugar me assalta.

Mas nada é para mim a dura guerra,
Que em vão suspirar tenho suportado,
Se a comparo, oh Deus!, com o que me falta.

— Juan Francisco Manzano

O autor do poema é bastante conhecido em Cuba: é de sua autoria a única autobiografia de um escravizado na América hispânica (Manzano, 2015). Sua obra traz no título três palavras comuns na publicação de livros cubanos do século XIX, mas que dificilmente eram vistas na mesma frase: *poeta, escravo, autobiografia*. Juan Francisco Manzano nasceu na condição de escravizado em 1797, em uma Cuba que, àquela altura, já se tornava uma das principais regiões produtoras de açúcar do mundo.

Manzano viveu nos engenhos de seus senhores, em Matanzas, e conheceu a capital, Havana, nos meados do século XIX. Sua memória da infância, como é possível ler no relato, evidencia que desde muito cedo o jovem tinha certa facilidade para inventar e contar histórias, o que se tornaria a razão de muitas punições e violências. Embora soubesse ler e escrever — o que aprendeu de modo autodidata —, Manzano, assim como a maior parte dos autobiografados lidos para esta pequisa, não possuía o domínio da norma-padrão da língua. Entretanto, tinha enorme facilidade em mimetizar o estilo da poesia neoclássica espanhola, que fazia muito sucesso à época.

Manzano trabalhava como um escravizado doméstico, o que lhe permitiu conhecer com mais precisão a vida senhorial e as formas de negociar com ela. Uma dessas formas foi justamente motivada por seu interesse pelos livros. Uma interpretação rápida de sua trajetória diria que Manzano teve a felicidade de contar com a benevolência de seus senhores. Equívoco. A questão não pode ser resumida a um problema moral. Era da elite açucareira cubana que emanava, também, uma versão ainda incipiente do que podemos chamar de abolicionismo. E foi com o apoio de homens letrados dessa elite que Manzano conseguiu publicar seu livro, em 1840.

A história da publicação de *A autobiografia do poeta-escravo* é uma síntese dos diversos processos e movimentos que atravessaram as publicações autobiográficas de escravizados de 1770 ao final do século XIX. Para quem consulta os originais do texto, que estão na Biblioteca Nacional de Cuba José Martí, em Havana, duas versões se apresentam: a primeira, numa caligrafia elaborada, sem qualquer tipo de rasura, seguindo todas as normas do espanhol culto do século XIX; a segunda, constituída por uma infinidade de idiossincrasias sintáticas e por pontuação tímida, organizada em poucos, quase inexistentes, parágrafos. Essa última provavelmente é a versão do próprio Manzano, enquanto aquela se acredita ser uma versão "corrigida" feita por Anselmo Suárez y Romero, membro da mesma sociedade literária que o libertou (Manzano, 2015, p. 24).

É na versão de Suárez y Romero que o abolicionista britânico Richard Robert Madden baseou a sua tradução para o inglês, que trouxe a público a obra de Manzano em 1840. Disso, depreendem-se dois elementos importantes: a publicação da versão em inglês ocorreu antes da publicação do original, em espanhol, que só ocorreria em 1937, em Cuba (Manzano, 2015, p. 11); o resultado conhecido pelos leitores é produto de ao menos duas traduções. A voz de Manzano chegou ao público pelo filtro de Romero, seguido pelo de Madden. Nisso, a maioria das autobiografias analisadas neste livro é similar. A bem da verdade, esses textos são múltiplos, representando muitas vozes que se sobrepõem ao longo da história. O que há do autor e o que pertence ao abolicionista ou apoiador da publicação são perguntas que necessitam de respostas que este livro não oferece. De todo modo, essa primeira aproximação às fontes autobiográficas de escravizados e libertos aponta aspectos importantes do período no qual foram publicadas.

O primeiro deles é a conclusão de que as autobiografias não formam um conjunto homogêneo de publicações. Pelo contrário, foram produzidas e publicadas de modos muito variados, mantendo maior ou menor grau de relação com o movimento abolicionista. Entre 1770 e 1890, o mundo no qual as autobiografias foram urdidas mudou completamente. Assim, seus conteúdos, seus objetivos, suas razões próprias de ser enquanto textos autobiográficos também mudaram. O que elas compartilham, ao longo do tempo, é o tom de denúncia: da própria escravidão, das condições de vida no cativeiro e, mesmo após a abolição, da inconstância da liberdade, que não foi nada além de um projeto pelo qual valia a pena lutar.

A África foi objeto da memória daquelas autoras e autores que passaram pela experiência do tráfico de pessoas. As *Áfricas* presentes nesses textos constituíram as experiências vividas, ao encontro do lugar de origem imaginado e reimaginado. As visões construídas acerca das sociedades de onde foram forçadamente retirados asseguraram um lugar de disputa, ao reivindicar, entre outras coisas, a ideia de nação — até então empregada apenas em relação às sociedades europeias e ocidentais. Mas também reiteraram muitos lugares-comuns, não apenas como fruto do pensamento da época, mas também como forma de se fazerem palatáveis ao gosto dos interlocutores brancos.

Do mesmo modo, as memórias da travessia constituem um verdadeiro patrimônio da experiência do tráfico de africanos, pois revelam processos fundamentais da construção do tráfico negreiro no mundo moderno a partir do olhar atento daqueles que o vivenciaram. O mesmo mar que foi palco de uma das maiores tragédias da humanidade significou para muitos um caminho possível em direção à liberdade. O Atlântico, assim, na mesma medida em que foi um cemitério imoral da escravização, foi também um importante recurso para a liberdade, ao oferecer as possibilidades da vida marítima, na qual muitos acumularam o pecúlio necessário para comprar sua liberdade — ou, mesmo, ao constituir rotas de fuga do cativeiro.

Para aqueles que não encontravam no mar uma via de fuga, outras rotas foram construídas, em terra. Esse é um dos temas primordiais das autobiografias entre os anos de 1840 e 1860. A desestruturação das famílias de escravizados, a violência constante, a instabilidade das condições materiais de existência e a resistência sempre perene foram algumas das principais motivações para as fugas, que se tornaram tão comuns quanto o trabalho no cativeiro. O que explica a recorrência das fugas é justamente o sonho pela liberdade, *nada além da liberdade*. E esse foi um projeto em constante reelaboração, do qual as autobiografias não se furtaram em momento algum, sendo, na verdade, uma das suas principais articuladoras.

O sucesso desses textos à época da publicação se explica em parte pelo papel do abolicionismo organizado, que na maior parte das vezes os promoveu, inclusive com financiamento e divulgação. Mas isso operou como uma via de mão dupla: da mesma forma que o movimento abolicionista oferecia aos autores autobiografados a legitimidade e a autoridade pública que somente os brancos poderiam ter em sociedades racialmente hierarquizadas, as autobiografias ofereciam ao movimento abolicionista uma matriz referencial, que dava sentido às causas defendidas. Assim, entender a história do abolicionismo de matriz britânica e estadunidense é também compreender a forma como a experiência de escravizados foi elaborada e reelaborada pelo discurso público.

Dentre outras formas, essa experiência foi reelaborada num constante tensionamento com a ideia de *nação*, que, em fins do século XVIII e ao longo do XIX, foi central para a construção da República dos Estados Unidos e para a busca de ideias, por vezes abstratas, de igualdade, fraternidade e liberdade. As autobiografias reivindicaram um lugar para a população negra escravizada e liberta no interior de uma nação que, ao se construir, não via todos como cidadãos nem como seres humanos. Ao questionarem a nação e a fé que lhe dava sustento ideológico, estavam dizendo que eram também seres humanos e irmãos.

Manzano, Equiano, Baquaqua, Jacobs e tantos outros homens e mulheres que nos legaram suas experiências inscritas nos textos autobiográficos não podem ser esquecidos. Mais que isso: devem ser lidos, relidos, investigados, questionados. Muitas contribuições para a historiografia brasileira poderão advir da leitura desses documentos. Este livro buscou revelar algumas delas. Como processo incessante que é a história, muitas outras deverão ainda ser reveladas.

CADERNO 1
Repertório biográfico

Os resumos biográficos dos autores das narrativas analisadas neste livro foram elaborados a partir dos sumários disponíveis na base de dados DocSouth, sendo traduções livres desse material. As informações foram cotejadas com a bibliografia sugerida pelos pesquisadores que publicaram na base de dados; a elas, acrescentei informações que julgo importantes. Este repertório serve como material de consulta para o leitor. Os autores são apresentados em ordem alfabética, pelo primeiro nome.

Charles Ball

Embora não se saiba ao certo, a maior parte dos pesquisadores acredita que Charles Ball tenha nascido por volta de 1781. Seu local de nascimento está registrado como uma das plantações de tabaco do condado de Calvert, em Maryland. Por volta dos seus quatro anos, sua mãe e seus irmãos foram vendidos para outra fazenda, e Ball nunca mais teve contato com a família. Permaneceu em Maryland, onde se casou com Judah, uma mulher escravizada, numa fazenda vizinha àquela na qual vivia. O casal se separou, forçosamente, quando ele foi vendido a um comerciante de escravos da Geórgia. Com ferros no pescoço, algemas e correntes, Ball foi obrigado a caminhar com outros 51 escravizados de Maryland até Colúmbia, na Carolina do Sul, viagem que durou mais de um mês. Ao chegar, foi vendido ao proprietário de uma plantação de algodão e, mais tarde, trabalhou para sua filha mais nova na Geórgia. Em 1809, seu "dono" morreu, e ele ficou à mercê dos filhos do antigo proprietário, que lhe perpetraram castigos cruéis. Foi então que Ball decidiu fugir. Durante cerca de um ano, deslocou-se a pé da Geórgia a Maryland, onde reencontrou esposa e filhos e passou a trabalhar livremente, escondido dos antigos proprietários. Após algum tempo, Ball conseguiu acumular um razoável pecúlio, o que lhe permitiu comprar um pequeno pedaço de terra em Baltimore. Sua primeira esposa morreu em 1816 e, dois anos depois, ele se casou novamente. Em 1830, Ball foi capturado como escravo fugitivo e voltou ao cativeiro. Escapou outra vez, escondendo-se em um navio que rumava à Filadélfia, de onde, após algum tempo, encaminhou-se para Baltimore. Na sua ausência, a esposa e os filhos, que haviam sido legalmente libertos, foram sequestrados e vendidos como escravos. Após esse triste incidente, Ball rumou para a Pensilvânia com o intuito de minimizar as chances de ser recapturado. Em 1836, publicou, com a ajuda de Isaac Fischer, a quem ditou sua história, a autobiografia que lhe renderia um considerável sucesso no período. Não se sabe a data exata de sua morte.

GARRATY, John A. & CARNES, Mark C. (org.). *American National Biography*, v. 2. Nova York: Oxford University Press, 1999; RIPLEY, C. Peter *et al.* (org.). *The Black Abolitionist Papers*, v. III, *The United States, 1830-1846*. Chapel Hill / Londres: The University of North Carolina Press, 1991.

Frederick Douglass

Nascido em 1818 no condado de Talbot, em Maryland, Frederick Augustus Washington Bailey era filho de uma mulher escravizada com seu "dono". Aos vinte anos, conseguiu fugir da fazenda na qual era escravizado e adotou o sobrenome Douglass, inspirado por um personagem de *sir* Walter Scott. Estabelecendo laços profundos com abolicionistas do período, Douglass conseguiu publicar sua primeira autobiografia em 1845. A partir de então, tornou-se uma figura pública de grande destaque. Residiu, durante longo período, em Rochester, no estado de Nova York, onde editou o jornal *North Star* (1847-1851), no qual publicava artigos e editoriais que atacavam frontalmente a escravidão e denunciavam o racismo. Durante a Guerra Civil, iniciada em 1861, publicou diversos textos convocando soldados negros (por isso foi chamado de recrutador) e, durante o conflito, chegou a trabalhar como assessor de Abraham Lincoln em duas ocasiões. No período da Reconstrução, viajou e deu palestras sobre questões raciais e, em 1870, mudou-se para Washington, DC, onde editou o jornal *The New National Era*. Como defensor dos ideais republicanos, foi condecorado com diversos títulos e ocupou diferentes cargos públicos, tornando-se uma das mais importantes figuras públicas do abolicionismo estadunidense. Foi casado duas vezes. A primeira, em 1838, com Anna Murray, mulher negra livre de Baltimore que o acompanhou em sua fuga da escravidão e com quem teve cinco filhos. Dois anos após a morte de Murray, à altura dos 63 anos, Douglass se casou pela segunda vez, com Helen Pitts, mulher branca que havia trabalhado como sua secretária. Ao longo da vida, publicou outras duas autobiografias: *My Bondage and my Freedom* [Minha servidão e minha liberdade], em 1855, e *Life and Times of Frederick Douglass* [A vida e a época de Frederick Douglass], em 1881. Morreu em 1895, de insuficiência cardíaca.

BLASSINGAME, John W.; MCKIVIGAN, John R. & HINKS, Peter P. (org.). *The Frederick Douglass Papers*. New Haven: Yale University Press, 1991; FONER, Philip S. *Life and Writings of Frederick Douglass*. Nova York: Oxford University Press, 1950; MEIER, August. *Negro Thought in America, 1880-1915: Racial Ideologies in the Age of Booker T. Washington*. Ann Arbor: University of Michigan Press, 1963; QUARLES, Benjamin. *Frederick Douglass*. Washington, DC: Associated Publishers, 1948.

George White

George White (1764-1836) foi um dos primeiros diáconos afro-americanos a ser ordenado pela Igreja metodista nos Estados Unidos. Nascido escravo no condado de Accomack, na Virgínia, foi vendido quando tinha apenas dezoito meses a um proprietário do condado de Esther. Aos seis anos, foi vendido novamente, a um proprietário de escravos do condado de Somerset, Maryland, e, aos quinze, a uma família do condado de Suffolk, no mesmo estado. Permaneceu com ela até a morte de seu proprietário, em 1790, quando foi libertado. A emancipação de White aos 26 anos o levou a se aprofundar mais seriamente na religião. Embora frequentasse os cultos da Igreja anglicana em Maryland, já em Nova York, em 1795 converteu-se ao metodismo. Insatisfeito com os cultos segregados da Igreja metodista John Street, White começou a frequentar os cultos de uma congregação de afro-americanos. Na década de 1800, seu pedido para se tornar pregador seria rejeitado cinco vezes pela Conferência Trimestral da Igreja metodista, apesar de seu sucesso como pregador itinerante. Em janeiro de 1808, finalmente obteve sua licença. Não se sabe ao certo se seu primeiro casamento, com Mary Henery, terminou com a morte de sua esposa ou com um divórcio. Seja como for, em 1817 ele se casou novamente, com Mary Ann Forsyte, com quem teve um filho em 1820. White continuou a pregar até 1829, quando foi expulso por razões desconhecidas. Sob sua liderança, congregações inteiras deixaram a Igreja metodista para se juntar à Igreja episcopal metodista africana, fundada por Richard Allen. Até sua morte, em 1836, trabalhou como sapateiro para sustentar a família.

HODGES, Graham Russell. "Introduction". *In*: HODGES, Graham Russell (org.). *Black Itinerants of the Gospel: The Narratives of John Jea and George White Graham Russell*. Nova York: Palgrave, 2002, p. 1-50.

Harriet Ann Jacobs

Harriet Ann Jacobs nasceu na condição de escravizada em Edenton, Carolina do Norte, em 1813. Depois de perder, ainda na juventude, a mãe, Delilah, e o pai, Daniel, Harriet e seu irmão mais novo, John, foram criados pela avó materna, Molly Horniblow. Jacobs aprendeu a ler, escrever e costurar sob a guarda de sua primeira senhora, Margaret Horniblow, e esperava ser libertada por ela. No entanto, quando Harriet tinha onze anos, Horniblow morreu, depois de determinar que ela ficasse como propriedade de James Norcom, uma decisão vinculativa que iniciou uma vida de sofrimento e dificuldades para Jacobs. Norcom, que era médico e seria representado mais tarde, na narrativa de Jacobs, como dr. Flint, a assediava sexualmente enquanto ela trabalhava em sua casa. Clandestinamente, Jacobs passou a se relacionar com um advogado branco chamado Samuel Tredwell Sawyer, com quem teve dois filhos, Joseph (1829-?) e Louisa Matilda (c. 1833-1913), legalmente pertencentes a Norcom. Na expectativa de que, se ela simulasse uma fuga, Norcom poderia se inclinar a vender seus filhos ao pai, Jacobs se escondeu em um apertado porão da casa de sua avó, onde permaneceu de 1835 a 1842. Durante esses sete anos, pouco podia fazer: leu, costurou e cuidou dos filhos como pôde, esperando uma oportunidade para fugir para o norte. Em 1842, finalmente fez seu caminho para Nova York, por barco, e se reuniu com os filhos. Mesmo em Nova York, no entanto, ela estava à mercê da lei que versava sobre escravos fugitivos, o que significava que, onde quer que vivesse nos Estados Unidos, poderia ser recuperada por Norcom e retornar à escravidão a qualquer momento. No fim dos anos 1840, ela se mudou para Rochester, em Nova York, onde se juntou ao movimento abolicionista, ao lado de seu irmão. No início de 1852, a esposa de seu empregador, Cornelia Grinnell Willis, comprou sua liberdade de Norcom. A decisão de escrever sua autobiografia foi desencadeada pela correspondência com uma amiga, Amy Post, abolicionista *quaker* e ativista feminista. Jacobs confidenciou seu passado a Post, que a encorajou a escrever sua história ela mesma. Jacobs procurou Harriet Beecher Stowe em busca de apoio para editar o livro, mas ela rejeitou seu pedido. Em 1861, com a ajuda de Lydia Maria Child, editora abolicionista branca, Jacobs publica sua narrativa, *Incidentes na vida de uma menina escrava*, sob o pseudônimo Linda Brent. Apesar do uso de um pseudônimo, Jacobs fez fama após a publicação. Na década de

1860, atuou na região de Washington, DC, apoiando ex-escravizados que haviam se tornado refugiados em função da Guerra Civil. Junto a sua filha, abriu a Jacobs Free School em Alexandria, Virgínia. Na década de 1880, depois de várias viagens ao sul dos Estados Unidos e à Inglaterra, Jacobs se restabeleceu em Washington, DC, onde morreu em 7 de março de 1897.

GATES JR., Henry Louis & MCKAY, Nellie Y. (org.). *The Norton Anthology of African American Literature*. Nova York: W. W. Norton & Company, 1996; YELLIN, Jean Fagan. "Jacobs, Harriet A. (c.1813-1897)". *In*: ANDREWS, William L.; FOSTER, Frances Smith & HARRIS, Trudier (org.). *The Concise Oxford Companion to African American Literature*. Nova York: Oxford University Press, 2001, p. 222-3.

Henry Bibb

Henry Bibb (1815-1854) nasceu no condado de Shelby, no Kentucky. Seu pai, James Bibb, era senador estadual, e sua mãe, uma mulher escravizada chamada Mildred Jackson, que trabalhava para Willard Gatewood. Henry Bibb foi casado duas vezes: uma vez antes de sua fuga, com uma mulher escravizada chamada Malinda, e, depois, com Mary Miles. Em 1842, começou a dar palestras sobre a escravidão e se tornou um ativista afro-americano bem conhecido. Em 1849, publicou sua autobiografia, *Narrative of the Life and Adventures of Henry Bibb, an American Slave* [Narrativa da vida e aventuras de Henry Bibb, um escravo americano]. Bibb ajudou a criar o primeiro jornal negro do Canadá, *Voice of the Fugitive*, uma publicação que trabalhou para convencer os escravizados a se estabelecerem no Canadá. Foi também diretor fundador de um projeto de colonização negra no Canadá, a Refugee Home Society. Henry Bibb morreu em 1854.

LANDON, Fred. "Henry Bibb, a Colonizer". *The Journal of Negro History*, v. 5, n. 4, 1920, p. 437-7; "Lucius C. Matlack". Wheaton History A to Z. Chicago: Wheaton College. Disponível em: http://a2z.my.wheaton.edu/illinois-institute/lucius-c-matlack.

Jeffrey Brace (Boyrereau Brinch)

Boyrereau nasceu por volta de 1742 em alguma região da África Ocidental. Aos dezesseis anos, foi capturado por comerciantes de escravos e transportado para Barbados. Após uma curta experiência nessa região, foi vendido a um navio com destino à Nova Inglaterra. Durante dois anos, Brace lutou como marinheiro na Guerra dos Sete Anos; ao fim do conflito, foi revendido para proprietários em New Haven, Connecticut. Ficou vários anos na Nova Inglaterra. Com o objetivo de ganhar sua alforria, alistou-se no exército continental, alcançando seu objetivo após cinco anos de serviço militar. Já em liberdade, em 1784, Brace decidiu ir para Vermont, o primeiro estado do país a tornar a escravidão ilegal. Lá, conheceu uma mulher africana, com quem se casou e constituiu família, encontrando algumas dificuldades iniciais para manter sua propriedade. Embora Brace soubesse ler e escrever, quando decidiu publicar sua autobiografia já estava cego, em razão de uma doença nas córneas. Por isso, ditou sua história a um advogado antiescravista branco de nome Benjamin Prentiss, que a publicou em 1810. Até sua morte, em 1827, Brace foi um abolicionista bem respeitado, que já havia publicado mais de uma edição de sua autobiografia.

WINTER, Kari J. "Introduction". *In*: BRACE, Jeffrey. *The Blind African Slave: Memoirs of Boyrereau Brinch, Nicknamed Jeffrey Brace*. Madison: University of Wisconsin Press, 2004, p. 1-83

John Thompson

Pouco se sabe sobre John Thompson para além das informações presentes em sua autobiografia. Junto a seis irmãos, ele nasceu em meio à escravidão na fazenda Wagar, em Maryland, em 1812. Permaneceu ali de seu nascimento até a morte da "velha senhora" que comandava a plantation, em outubro de 1822, e a subsequente divisão da propriedade, em 1823, quando Thompson e sua família foram vendidos ao sr. George Thomas. Pouco tempo depois, foi enviado para outra plantation e, por muitos anos, continuou sendo movido de fazenda em fazenda. Temendo ser enviado para outra propriedade no sul, protagonizou, com outro homem escravizado, uma fuga bem-sucedida para o norte. Na Pensilvânia, Thompson encontrou trabalho e se casou. Porém, após a prisão de outros escravos fugitivos em sua área, ele se juntou a um navio baleeiro para evitar o mesmo destino. Permaneceu no mar durante vários anos, antes de retornar a sua família. Posteriormente, mudou-se para Worcester, Massachusetts, onde sua narrativa foi publicada, em 1856, e onde morreu, em 1860.

MCCARTY, B. Eugene & DOUGHTON, Thomas L. (org.). *From Bondage to Belonging: the Worcester Slave Narratives*. Amherst: University of Massachusetts Press, 2007.

Josiah Henson

Josiah Henson nasceu em 1789 no condado de Charles, Maryland, em uma fazenda de propriedade de Francis Newman. Ainda criança, foi vendido para Isaac Riley, que logo o nomeou capataz da fazenda, em função de sua destacada inteligência. Aos 22 anos, casou-se com uma mulher escravizada, ao que parece chamada Charlotte, com quem teve doze filhos (quatro enquanto ainda estava na condição de escravizado). Durante o tempo em que ficou na fazenda de Riley, demonstrou extrema "fidelidade" e responsabilidade, o que fez com que ele lhe confiasse afazeres excepcionais, permitindo que se tornasse pregador na Igreja metodista episcopal. No entanto, quando Henson tentou comprar sua liberdade, Riley o enganou e fez planos para vendê-lo para o sul. Temendo a separação de sua família, no verão de 1830 Henson fugiu para o norte com a esposa e os filhos. Depois de passar por Ohio e Nova York, eles se estabeleceram em Dresden, Ontário, no Canadá. Henson se tornou pregador e líder na comunidade afro-canadense e viajou de volta para os Estados Unidos a fim de ajudar outros escravizados a fugirem em busca da liberdade. Ele também serviu os britânicos como capitão de voluntários afro-canadenses nas rebeliões de 1837-1838, levantes ocorridos nas colônias britânicas de Lower e Upper Canada motivados por reformas políticas. Em 1842, fundou o Instituto Americano Britânico, uma comunidade afro-canadense e uma escola industrial, essa última refúgio para escravos fugitivos. Henson fez várias viagens para a Inglaterra, onde foi recebido pela alta sociedade, e, após a morte de sua primeira esposa, casou-se com uma viúva de Boston. Morreu em Dresden, em 1883.

HUDSON, Peter. "Henson, Josiah". *In*: APPIAH, Kwame Anthony & GATES JR., Henry Louis (org.). *Africana: the Encyclopedia of the African and African American Experience*. Oxford: Oxford University Press, 2005, p. 200; STOWE, Harriet Beecher. *A Key to Uncle Tom's Cabin: Presenting the Original Facts and Documents upon which the Story is Founded, Together with Corroborative Statements Verifying the Truth of the Work*. Bedford: Applewood Books, 1998; VICARY, Elizabeth Zoe. "Henson, Josiah". *American National Biography Online*, 2009.

Juan Francisco Manzano

A *autobiografia do poeta-escravo* (1840) contém uma narrativa e poemas escritos por Juan Francisco Manzano (1797-1853). Manzano nasceu escravo em Cuba e é considerado um dos fundadores da literatura cubana. Ele é o único escravizado na história da América espanhola a alcançar sucesso como escritor. De acordo com a narrativa, ele experimentou uma infância relativamente fácil e despreocupada. Quando jovem, sofreu os primeiros horrores da escravidão. Descrições de várias de suas experiências mais difíceis compõem a maior parte da narrativa, que termina com uma breve sinopse de sua fuga bem-sucedida. Algum tempo depois de escrever a autobiografia, em 1835, foi falsamente acusado de participar de uma conspiração antiescravidão e permaneceu preso por um ano. Depois disso, nunca mais escreveu.

BOYLAN, Henry (org.). *A Dictionary of Irish Biography*. Dublin: Gill and MacMillan, 1998; TENENBAUM, Barbara (org.). *Encyclopedia of Latin American History and Culture*, v. 3. Nova York: Charles Scribner's Sons, 1996; WELCH, Robert (org.). *The Oxford Companion to Irish Literature*. Oxford: Oxford University Press, 1996.

Lewis Clarke

Lewis Garrard Clarke nasceu em 1815, no condado de Madison, Kentucky. Sua mãe era uma mulher escravizada, e, embora não haja notícias de seu pai, acredita-se que tenha sido o fazendeiro a quem ela pertencia. Aos vinte anos, Lewis já havia realizado uma série de trabalhos remunerados, sendo obrigado a pagar uma quantia mensal para o seu senhor. Aos 21, conseguiu fugir para o Canadá, onde, porém, não ficou muito tempo. Encaminhou-se então para Oberlin, Ohio, em busca de seu irmão Milton, que havia sido vendido anos antes. Ali, encontrou-se com Milton, com quem morou durante um tempo. Depois, retornou para Kentucky a fim de recuperar o irmão mais novo, Cyrus. Viveu em liberdade com seus dois irmãos e, em 1845, publicou a autobiografia. Uma segunda edição da narrativa, incluindo colaborações de Milton, foi lançada em 1846. A partir de então, passou a peregrinar por diversos estados, proferindo discursos e ministrando palestras de teor abolicionista. Com o fim da Guerra Civil e declarada abolida a escravidão, retornou com os irmãos para o Kentucky, onde morreu em 1897.

CHILD, Lydia. "Lewis Clark: Leaves from a Slave's Journal of Life". *The Anti-Slavery Standard*, n. 83, 1842, p. 78-9; HAHN, Steven. *The Political Worlds of Slavery and Freedom*. Cambridge: Harvard University Press, 2009; LOVEJOY, J. C. *Memoir of Rev. Charles T. Torrey, Who Died in the Penitentiary of Maryland, Where He Was Confined for Showing Mercy to the Poor*. Boston: John P. Jewett, and Co., 1847; REYNOLDS, David S. *Mightier than the Sword: Uncle Tom's Cabin and the Battle for America*. Nova York: W. W. Norton & Company, 2011.

Mahommah Gardo Baquaqua

Baquaqua nasceu na cidade de Zoogoo, no oeste africano (agora, Djougou, Benin), por volta de 1830 — sua data de nascimento exata é desconhecida. Quando jovem, foi vendido para europeus comerciantes de escravos, mudando de mãos entre vários mestres africanos antes de ser colocado em um navio negreiro com destino a Pernambuco, Brasil. No país, Baquaqua serviu uma série de senhores, incluindo um capitão de navio. A certa altura, fugiu em um navio que aportaria em Nova York. Inicialmente guiado por abolicionistas até Boston, Baquaqua decidiu se mudar para o Haiti, onde se converteu ao cristianismo. Mais tarde, voltou a Nova York para frequentar a faculdade e seguiu para o Canadá, colaborando com um editor para a publicação de sua autobiografia. Após concluí-la, Baquaqua viajou para Liverpool, na Inglaterra, na esperança de regressar à África. Três anos mais tarde, pediu apoio financeiro para seus ex-patrocinadores na American Free Baptist Mission Society, porque ainda não havia conseguido levantar os fundos necessários para a viagem. Depois de 1857, não há registro conhecido de Mahommah Baquaqua.

AUSTIN, Allan D. *African Muslims in Antebellum America: a Sourcebook*. Nova York: Garland Publishing, Inc., 1984; AUSTIN, Allan D. *African Muslims in Antebellum America: Transatlantic Stories and Spiritual Struggles*. Nova York: Routledge, 1997; DIOUF, Sylviane A. *Servants of Allah: African Muslims Enslaved in the Americas*. Nova York: NYU Press, 1998; LAW, Robin & LOVEJOY, Paul. "Introduction: the Interesting Narrative of Mahommah Gardo Baquaqua". In: *The Biography of Mahommah Gardo Baquaqua: His Passage from Slavery to Freedom in Africa and America*. Princeton: Markus Wiener Publishers, 2007, p. 7-94; MURRAY, Hugh. *Historical Account of Discoveries and Travels in Africa, from the Earliest Ages to the Present Time; Including the Substance of the Late Dr. Leyden's Work on that Subject*. Edimburgo: Archibald Constable and Company, 1818.

Mary Prince

De acordo com sua autobiografia, Mary Prince nasceu em Brackish Pond, nas Bermudas, em 1788. Sua mãe foi escravizada na casa de Charles Myners, e seu pai foi marceneiro e pertenceu a uma empresa de construção naval chamada Mr. Trimingham. Ainda criança, Prince foi vendida com sua mãe para um capitão chamado Darrel Williams, que a ofereceu como presente para a neta Betsey Williams. Prince serviu como dama de infância para Betsey até os seus doze anos, quando foi contratada como enfermeira numa casa vizinha. Depois de um tempo, foi vendida para um capitão I, que a levou para Spanish Point, também nas Bermudas. Cinco anos depois, foi novamente vendida, a um sr. D, que a enviou para trabalhar nas salinas das ilhas Turks, onde a jovem permaneceu vários anos, antes de retornar às Bermudas. Em 1815, Prince foi vendida para o sr. John Wood e levada para Antigua, para trabalhar como escrava doméstica. Em 1817, juntou-se à Igreja morávia, onde conheceu Daniel James, um carpinteiro livre, com quem se casou em 1826. Em 1828, foi obrigada a acompanhar a família Wood para a Inglaterra, o que lhe permitiu lutar na justiça por sua liberdade, tendo em vista que, na época, aquele era considerado solo livre. Com a ajuda da Sociedade Antiescravista, em 1829, peticionou sua liberdade no Parlamento inglês, tentativa frustrada pelo retorno repentino dos Wood para Antigua. Tecnicamente livre, mas sem respaldo legal, Prince passou a trabalhar como empregada doméstica na casa de Thomas Pringle. Nesse período, ditou sua história a Susanna Moodie, escritora e membro do movimento antiescravista de Londres. Em 1831, Pringle editou e publicou a narrativa de Prince, que, apenas nesse ano, teve três reimpressões, o que revela seu enorme sucesso. A publicação do livro foi rodeada de vários processos judiciais, envolvendo a acusação de difamação, apresentada pela família Wood, que ganhou o caso sem muitos obstáculos. Não se sabe o que aconteceu depois disso na vida de Prince, embora muitos pesquisadores afirmem que ela permaneceu na Inglaterra até sua morte.

SALIH, Sara. "Chronology". *In*: PRINCE, Mary. *The History of Mary Prince*. Londres: Penguin, 2000, p. 39-40; ANDREWS, William L. "Introduction". *In*: GATES JR., Henry Louis (org.). *Six Women's Slave Narratives*. Nova York: Oxford University Press, 1988, p. 29-41; FERGUSON, Moira. "Introduction". *In*: PRINCE, Mary. *The History of Mary Prince: a West Indian Slave*. Ann Arbor: University of Michigan Press, 1998, p. 1-41.

Moses Roper

Moses Roper nasceu em 1815 no condado de Caswell, na Carolina do Norte. Era filho de Henry H. Roper, fazendeiro branco, e Nancy, uma mulher escravizada. Por volta dos seis anos, foi vendido e separado de sua mãe, por ter a pele clara e traços faciais que lembravam, embaraçosamente, o pai. Foi comprado por John Gooch, um plantador de algodão do condado de Kershaw, na Carolina do Sul. Foi então que Roper decidiu empreender sua primeira tentativa de fuga, em função dos maus-tratos perpetrados por Gooch. A tentativa não deu certo, e, em 1832, Roper foi vendido, passando pelas mãos de diversos fazendeiros da Geórgia à Florida. Finalmente, foi comprado por um sr. Register, da região de Marianna, na Flórida, conhecido nas redondezas pela crueldade com que tratava seus escravizados. Roper conseguiu fugir, caminhando por mais de seiscentos quilômetros até Savannah, na Geórgia. Lá, em 1834, conseguiu emprego de comissário em uma escuna que navegava para o norte. A partir dali, passou por Nova York, Vermont e Massachusetts, até que, em Boston, conheceu vários abolicionistas locais, entre os quais o famoso William Lloyd Garrison. Com sua condição de homem livre constantemente questionada pela ordem escravocrata, Roper decidiu sair dos Estados Unidos, o que conseguiu em 1835 a bordo do navio *The Napoleon*, com destino a Liverpool, Inglaterra. Em Londres, com a ajuda de abolicionistas, conseguiu publicar sua autobiografia, em 1837. No ano seguinte, veio a público uma edição estadunidense do texto; dali até 1856, outras dez seriam lançadas, tanto nos Estados Unidos quanto na Inglaterra. Em 1839, casou-se com Ann Stephen Price, inglesa que o ajudou em seu amplo trabalho antiescravista e com quem se mudaria anos mais tarde para uma fazenda na região oeste do Canadá. Embora ele tenha convivido com o enorme sucesso da autobiografia e proferido centenas de discursos de teor abolicionista, os detalhes posteriores de sua vida, incluindo a morte, são desconhecidos.

BOBO, Kristina. "Moses Roper". *In*: ANDREWS, William L. (org.). *The North Carolina Roots of African American Literature: An Anthology*. Chapel Hill / Londres: The University of North Carolina Press, 2006, p. 89-94; FINETH, Ian Fredrick. "Introduction to *A Narrative of the Adventures & Escape of Moses Roper*". *In*: ANDREWS, William L. (org.). *North Carolina Slave Narratives: The Lives of Moses Roper, Lunsford Lane, Moses Grandy*

& *Thomas H. Jones*. Chapel Hill: The University of North Carolina Press, 2003, p. 23-32; GROSS, Izhak. "The Abolition of Negro Slavery and British Parliamentary Politics 1832-1833". *The Historical Journal*, v. 23, n. 1, 1980, p. 63-85; HUDDLE, Mark Andrew. "Roper, Moses". *In*: GATES JR., Henry Louis & HIGGINBOTHAM, Evelyn Brooks (org.). *African American Lives*. Nova York: Oxford University Press, 2004, p. 727-9; "Moses Roper, b. 1815". *In*: RIPLEY, C. Peter *et al*. (org.). *The Black Abolitionist Papers — The British Isles, 1830-1865*, v. I. Chapel Hill: The University of North Carolina Press, 1992.

Olaudah Equiano (Gustavus Vassa)

Equiano nasceu em 1745, na região de Eboe, na atual Nigéria. Quando tinha cerca de onze anos foi sequestrado e vendido a mercadores que navegavam em direção às Índias Ocidentais. Apesar de ter ficado um breve período na Virgínia, na maior parte da vida foi escravizado em alto-mar, servindo capitães de navios negreiros e embarcações da Marinha britânica. O nome cristão Gustavus Vassa lhe foi atribuído por Henry Pascal, capitão de um navio mercante inglês. Ainda que tenha empregado esse nome ao longo da vida, Equiano utilizou seu nome africano em todas as publicações nas quais apareceu, como autor ou em citações. Ao longo da trajetória em alto-mar, Equiano viajou por Inglaterra, Holanda, Escócia, Gibraltar (Espanha), Nova Escócia (Canadá), Caribe, Pensilvânia, Geórgia e Carolina do Sul. Em 1763, foi comprado por Robert King, comerciante *quaker* da Filadélfia, a quem serviu como caixeiro. King autorizou Equiano a se envolver em suas próprias trocas comerciais, ainda que de menor importância. Dessas atividades, ele conseguiu extrair a quantia necessária para comprar sua liberdade, em 1766. No ano seguinte, passou a viver na Inglaterra, trabalhando como assistente de Charles Irving, cientista conhecido na época. No mesmo período, começou a frequentar a escola e continuou a atuar em alto-mar, fazendo várias viagens a bordo de navios mercantes para Itália, Portugal, Turquia, Jamaica, Granada e América do Norte. Em 1773, Equiano acompanhou Irving em uma expedição ao polo Norte em busca de uma passagem da Europa à Ásia pelo nordeste do continente. Sua autobiografia foi lançada em 1789, em dois volumes. Em vida, ele assistiu à publicação de uma edição estadunidense e oito inglesas. Após a publicação, Equiano passou a viajar para diversas localidades, realizando palestras e conferências de teor abolicionista. Em 1792, casou-se com Susanna Cullen, com quem teve duas filhas. Morreu em 1797, em Londres.

CARRETA, Vincent & BUGG, John. "Deciphering the Equiano Archives". *Publications of the Modern Language Association of American*, v. 122, n. 2, 2007, p. 572-3; CONSTANZO, Angelo. "Equiano, Olaudah". *In*: ANDREWS, William L.; FOSTER, Frances Smith & HARRIS, Trudier (org.). *The Oxford Companion to African American Literature*. Nova York: Oxford University Press, 1997, p. 257-8; SHIELDS, E. Thomson. "Equiano, Ouladah". *American National Biography Online*, 2008.

Quobna Ottobah Cugoano

Quobna Ottobah Cugoano foi um dos mais conhecidos e influentes afro-britânicos a lutar pela abolição da escravatura e pelo fim do tráfico de escravos. Ele nasceu por volta de 1757 em Agimaque, "na costa de Fantyn", "país dos fântis", no que hoje em dia é Gana. Em 1770, Cugoano foi sequestrado e vendido como escravo. Após suportar a terrível Passagem do Meio, Cugoano trabalhou em uma plantação de cana-de-açúcar em Granada, onde foi comprado por um senhor inglês e levado para a Inglaterra em 1772. No país, Cugoano se converteu ao cristianismo e foi batizado John Stuart. Foi libertado e aprendeu a ler, integrando-se gradualmente à alta sociedade. Cugoano também desenvolveu laços estreitos na comunidade afro-britânica; fez amizade com Olaudah Equiano e com Ignatius Sancho. Em 1787, publicou *Thoughts and Sentiments on the Evil and Wicked Traffic of the Slavery and Commerce of the Human Species* [Pensamentos e sentimentos sobre o maléfico e perverso tráfico de escravizados e comércio de pessoas], reimpresso em 1791 em edição modificada. Depois disso, Cugoano saiu dos holofotes, e não há mais informações sobre sua vida e sua morte. Ambas as edições de sua obra foram vendidas por assinaturas e o texto foi bem recebido. A obra passou por três reimpressões em 1787 e foi traduzida para o francês em 1788. *Narrative of the Enslavement of Ottobah Cugoano, a Native of Africa; Published by Himself in the Year 1787* foi extraído de *Thoughts and Sentiments on the Evil and Wicked Traffic of the Slavery and Commerce of the Human Species* e publicado em 1825, como apêndice ao *Memorial do negro*, um tratado abolicionista.

CARRETTA, Vincent. "Introduction". *In*: CUGOANO, Quobna Ottobah. *Thoughts and Sentiments on the Evil of Slavery*. Nova York: Penguin Books, 1999, p. 9- 28.

Solomon Northup

Solomon Northup nasceu como um homem livre em Minerva, Nova York, em 1808. Pouco se sabe sobre sua mãe, cujo nome não é mencionado na narrativa. Seu pai, Mintus, foi escravizado pelos Northup, de Rhode Island, e libertado depois que a família se mudou para Nova York. Quando jovem, Northup ajudava o pai com as tarefas agrícolas e trabalhava como jangadeiro nas vias navegáveis no norte do estado de Nova York. No Natal de 1829, ele se casou com Anne Hampton, mulher de ascendência branca, negra e indígena, com quem teve três filhos. Na década de 1830, Northup se tornou localmente conhecido como um excelente violinista. Em 1841, dois homens ofereceram a Northup remuneração generosa para participar de um show musical itinerante. Logo após ele ter aceitado, eles o drogaram e o venderam como escravo. Posteriormente, ele foi leiloado em Nova Orleans. Northup foi escravizado por um grande número de senhores, alguns brutalmente cruéis e outros cuja "humanidade" ele elogiaria posteriormente. Depois de anos de cativeiro, Northup entrou em contato com um abolicionista franco-canadense, que enviou cartas informando seu paradeiro a sua família. Em seguida, um agente público foi enviado a Louisiana para recuperar Northup. Depois de libertado, apresentou acusações de sequestro contra os homens que o enganaram, mas, em função de tecnicismos jurídicos, o longo julgamento que se seguiu não terminou em condenação. Pouco se sabe sobre a vida de Northup após o julgamento, mas se acredita que ele morreu em 1863.

BORN, Brad S. "Northup, Solomon". *In*: ANDREWS, William L.; FOSTER, Frances Smith & HARRIS, Trudier (org.). *The Concise Oxford Companion to African American Literature*. Nova York: Oxford University Press, 2001, p. 313; OLNEY, James. "'I Was Born': Slave Narratives, their Status as Autobiography and as Literature". *In*: DAVIS, Charles T.; GATES JR., Henry Louis (org.). *The Slave's Narrative*. Nova York: Oxford University Press, 1985, p. 148-76; SMITH, David L. "Northup, Solomon". *In*: GATES JR., Henry Louis & HIGGINBOTHAM, Evelyn Brooks (org.). *The African American National Biography*. Nova York: Oxford University Press, 2008; STEPTO, Robert Burns. "I Rose and Found my Voice: Narration, Authentication, and Authorial Control in Four Slave Narratives". *In*: DAVIS, Charles T. & GATES JR., Henry Louis. *The Slave's Narrative*. Nova York: Oxford University Press, 1985, p. 225-41.

Ukawsaw Gronniosaw (James Albert)

Ukawsaw Gronniosaw, conhecido pelo nome cristão de James Albert, nasceu por volta de 1710 na região de Bornou, onde atualmente é a Nigéria. Em 1730, foi vendido como escravo e levado para os Estados Unidos, onde foi comprado por um pastor protestante alemão chamado Theodorus Jacobus Frelinghuysen, que vivia em Nova Jersey. Ele viveu sob a condição de escravizado por essa família ao longo de vinte anos, sendo emancipado após a morte de Frelinghuysen. Depois disso, continuou trabalhando para os parentes de seu antigo dono durante muitos anos. Durante a Guerra dos Sete Anos, trabalhou como cozinheiro em um corsário. Alistando-se no Exército britânico, conseguiu se deslocar para a Inglaterra. Em território europeu, foi batizado por um pastor batista e passou a se chamar James Albert. Em 1763, casou-se com uma mulher branca de nome Betty. O casal enfrentou sérios problemas de ordem racial e lutou para sustentar seus filhos. A certa altura, Ukawsaw Gronniosaw narrou sua história para uma mulher anônima, na esperança de que o livro trouxesse retorno financeiro. Sua autobiografia foi publicada em 1770 e teve sete edições. A partir dali, não há registros históricos sobre o destino da família, nem ao menos indicando se a publicação lhe rendeu algum pecúlio.

NOVAK, Terry. "James Albert Ukawsaw Gronniosaw (1710?-?)". *In*: NELSON, Emmanuel S. (org.). *African American Autobiographers: A Sourcebook*. Westport: Greenwood Press, 2002, p. 171-2; CONSTANZO, Angelo. "Gronniosaw, James Albert Ukawsaw". *In*: ANDREWS, William L; FOSTER, Frances Smith & HARRIS, Trudier (org.). *The Oxford Companion to African American Literature*. Nova York: Oxford University Press, 1997, p. 180-1.

Venture Smith (Broteer Furro)

Venture Smith nasceu por volta de 1729 na região de Dukandarra, na Guiné (à época, uma forma de se referir à África Ocidental). Seu nome, Broteer Furro, revelava que era o filho mais velho do príncipe da região. Ainda criança, Venture foi sequestrado junto a sua família por um exército invasor. Seu pai foi brutalmente assassinado, por se recusar a cumprir as exigências dos sequestradores. Após o assassinato, Venture e sua família foram escravizados. Depois de um tempo, foram vendidos a Robertson Mumford e partiram para Barbados e Rhode Island. Venture cresceu na fazenda de Robertson como escravo doméstico. Aos 22 anos, casou-se com Meg, escravizada na mesma fazenda. Após uma tentativa frustrada de fuga, Venture e Meg foram vendidos para Thomas Stanton, com quem ele teve sérios problemas. Com o intuito de comprar sua liberdade, Venture passou a oferecer seus trabalhos como serrador, agricultor e pescador, até que finalmente conseguiu alforria. Depois de alguns anos, pôde comprar uma propriedade em East Haddam, Connecticut, sendo agricultor até o fim da vida. Aos 69 anos, em 1798, Venture ditou sua história de vida para Elisha Niles, um professor em Connecticut, que deu tratamento ao texto final e o ajudou na publicação. Venture morreu em 1805, em sua propriedade.

ANDREWS, William L.; FOSTER, Frances Smith & HARRIS, Trudier (org.). *The Oxford Companion to African American Literature.* Nova York: Oxford University Press, 1997; GARRATY, John A. & CARNES, Mark C. (org.). *American National Biography*, v. 20. Nova York: Oxford University Press, 1999.

William Grimes

William Grimes, nascido em 1784, era filho de Benjamin Grimes, um rico proprietário de plantation na Virgínia, e de uma mulher escravizada na fazenda de um doutor Steward, vizinho de Grimes. Ao longo da vida no cativeiro, William passou por cerca de dez senhores diferentes, na Virgínia, em Maryland e na Geórgia, trabalhando como escravo doméstico, criado, trabalhador rural, cavalariço e cocheiro. William tinha a pele clara, o que lhe possibilitou passar por branco em diversas situações. Ainda assim, em sua experiência no cativeiro, as violências e os abusos físicos foram constantes, o que lhe motivou a fugir, em 1814, em um navio com destino a Nova York. De lá, foi para a região da Nova Inglaterra, onde se tornou empresário, estabelecendo-se, por fim, em Connecticut. Em 1817, casou-se com Clarissa Caesar, com quem teve dezoito filhos, dos quais seis morreram. Grimes conseguiu relativo sucesso comercial, que caiu por terra quando foi encontrado por seu antigo senhor, que o obrigou a comprar sua liberdade, ameaçando-o com o retorno à escravidão. Após perder todos os seus bens, em 1825 escreveu e publicou a autobiografia, com a ajuda de abolicionistas, no intuito de levantar fundos para sair da situação precária em que se encontrava. Em 1855, publicou uma segunda edição do texto, atualizando-o com anedotas vividas após a primeira publicação, o que permitiu entrever que seu livro teve algum sucesso. Ele morreu em agosto de 1865, após o fim da Guerra Civil.

HINKS, Peter. "Grimes, William". *In*: FINKELMAN, Paul *et al.* (org.). *Encyclopedia of African American History, 1619-1895: From the Colonial Period to the Age of Frederick Douglass*. Nova York: Oxford University Press, 2006, p. 124; TAYLOR, Yuval. "Grimes, William". *In*: GATES JR., Henry Louis & HIGGENBOTHAM, Evelyn Brooks (org.). *The African American National Biography*. Nova York: Oxford University Press, 2008, p. 653-4.

William Parker

William Parker é mais conhecido por liderar o incidente de Christiana, de 1851, um violento enfrentamento entre um grupo de escravos fugitivos e "caçadores" de escravos, que resultou na morte de um dos últimos. Quase tudo o que se sabe sobre Parker vem de *The Freedman's Story*, publicado nas edições de fevereiro e março de 1866 da revista *Atlantic Monthly*. Parker nasceu na escravidão, por volta de 1822, no condado de Anne Arundel, Maryland. Seu pai não é mencionado na história, e sua mãe morreu quando ele era jovem, deixando-o aos cuidados de sua avó. O senhor de Parker, major William Brogdon, também morreu quando ele era jovem. Após sua morte, a fazenda foi dividida entre seus irmãos. Com medo de ser vendido e se recusando a apanhar do novo mestre, David Brogdon, Parker começou a planejar uma fuga, junto a seu irmão Charles. O plano deu certo, e os dois se estabeleceram perto de Lancaster, Pensilvânia. Uma vez lá, Parker rapidamente ajudou a formar "uma organização de proteção mútua contra senhores de escravos e sequestradores", a fim de evitar a recaptura de escravos fugitivos. Em 11 de setembro de 1851, Edward Gorsuch, senhor de escravos de Maryland, em posse de um mandado e com a ajuda de um delegado federal, tentou recuperar na casa de Parker quatro de seus escravos fugidos. O tumulto e a violência que se seguiram deixaram muitos feridos e resultaram na morte de Gorsuch. Parker foi forçado a fugir para o Canadá, acompanhado por sua esposa, Eliza Ann Elizabeth Howard, também fugitiva. Lá, comprou terras no Assentamento Buxton, onde se encontrava quando da publicação de sua narrativa. O assentamento, localizado entre o lago Erie e a Great Western Railroad, servia frequentemente como destino da Underground Railroad, como era conhecida a rede de rotas utilizadas para a fuga de escravizados. A data e as circunstâncias da morte de Parker são desconhecidas.

BACON, Margaret Hope. *Rebellion at Christiana*. Nova York: Crown Publishers, Inc., 1975; BLAND JR., Sterling Lecater. "Parker, William". *In*: GATES JR., Henry Louis & HIGGINBOTHAM, Evelyn Brooks (org.). *The African American National Biography*. Nova York: Oxford University Press, 2008, p. 243-4; NICHOLS, Charles H. *Black Men in Chains: Narratives by Escaped Slaves*. Nova York: Lawrence Hill and Co., 1972; ROSENBURG, John. *William Parker: Rebel Without Rights*. Nova York: Millbrook Press, 1996.

William Wells Brown

Nascido em 1814, em uma plantation próxima a Lexington, Kentucky, William era filho de um homem branco e de uma mulher negra escravizada. Passou boa parte da juventude em Saint Louis, Missouri, onde trabalhava como escravo doméstico e, em alguns períodos, no campo. Ofereceu seus serviços a um taberneiro e trabalhou como assistente de impressão de um jornal. Na posse de um comerciante de escravos chamado James Walker, viajou muitas vezes pelo Rio Mississippi até mercados de escravizados em Nova Orleans. Após tentar fugir duas vezes consecutivas, sem sucesso, conseguiu finalmente escapar para o Canadá com a ajuda de Wells Brown, um *quaker* de quem adotou o nome como homenagem. Ao longo dos nove anos seguintes, trabalhou como condutor de estrada de ferro em Buffalo, Nova York, e a bordo de um barco a vapor no lago Erie. Em 1843, passou a ser palestrante da Western New York Anti-Slavery Society, proferindo discursos abolicionistas que repercutiriam sobremaneira, em especial na região de Boston. Em 1847, publicou a autobiografia, que marcou o início de uma carreira literária de sucesso e talvez uma das mais importantes do período. Sua publicação o tornou uma celebridade internacional e, com apoio de diversas sociedades abolicionistas, passou a viajar pela Europa divulgando suas ideias. Após a autobiografia, publicou *Clotel; or, The President's Daughter: A Narrative of Slave Life in the United States* (1853), conhecido como um dos primeiros romances escritos por um afro-americano. William Brown morreu em 1884, em Chelsea, Massachusetts.

WELBOURNE, Penny Anne. "Brown, William Wells". *In*: FINKELMAN, Paul et al. (org.). *Encyclopedia of African American History, 1619-1895: From the Colonial Period to the Age of Frederick Douglass*. Nova York: Oxford University Press, 2006, p. 212-4.

CADERNO 2

Repertório iconográfico: frontispícios, retratos e ilustrações

O repertório iconográfico é composto por frontispícios, folhas de rosto, retratos e gravuras presentes nas autobiografias analisadas. As imagens estão disponíveis na base de dados DocSouth. É importante salientar que o intuito desse repertório não é elencar "ilustrações" à pesquisa realizada. A nosso ver, esse não é um modo eficaz de compreensão da cultura visual, como se fosse meramente ilustrativa. Pelo contrário, quando as imagens foram consideradas na análise, elas apareceram incorporadas ao texto. As demais são apresentadas a fim de estimular a realização de futuras pesquisas que possam se debruçar de modo mais detido sobre essas produções.

Frontispício e folha de rosto de Ball (1837).

NARRATIVE

OF THE

LIFE

OF

FREDERICK DOUGLASS,

AN

AMERICAN SLAVE.

WRITTEN BY HIMSELF.

BOSTON:
PUBLISHED AT THE ANTI-SLAVERY OFFICE,
No. 25 CORNHILL.
1845.

Frontispício e folha de rosto de Douglass (1845).

Folha de rosto de Brent & Child (1861).

Folha de rosto de Bibb (1849).

Ilustração sem título.
(Bibb, 1849, p. 19).

The Sabbath among slaves
[O dia de descanso dos escravos]
(Bibb, 1849, p. 22).

"Slaves."

The tender mercies of the wicked are cruel.

The tender mercies of the wicked are cruel
[A misericórdia dos perversos é cruel]
(Bibb, 1849, p. 45).

Can a mother forget her suckling child?
[Pode uma mãe esquecer seu filho que ainda está sendo amamentado?]
(Bibb, 1849, p. 45).

Can a mother forget her suckling child?

Never mind the money
[Esqueça o dinheiro]
(Bibb, 1849, p. 53).

Squire's office
[Escritório do escudeiro]
(Bibb, 1849, p. 63).

Squire's office.

"*My heart is almost broken.*"

My heart is almost broken
[Meu coração está quase partido]
(Bibb, 1849, p. 81).

"Oh! how shall *I* give my husband the parting hand never to meet again."

Oh! How shall I give my husband the parting hand never to meet again [Devo me despedir de meu marido que nunca mais verei] (Bibb, 1849, p. 148).

THE

LIFE OF JOHN THOMPSON,

A FUGITIVE SLAVE;

CONTAINING HIS HISTORY OF 25 YEARS IN BONDAGE, AND
HIS PROVIDENTIAL ESCAPE.

WRITTEN BY HIMSELF.

WORCESTER:
PUBLISHED BY JOHN THOMPSON.
MDCCCLVI.

Folha de rosto de Thompson (1856).

THE

LIFE OF JOSIAH HENSON,

FORMERLY A SLAVE,

NOW AN INHABITANT OF CANADA,

AS

NARRATED BY HIMSELF.

BOSTON:
ARTHUR D. PHELPS.
1849.

Folha de rosto de Henson (1849).

POEMS

BY

A SLAVE IN THE ISLAND OF CUBA,

RECENTLY LIBERATED;

TRANSLATED FROM THE SPANISH,

BY

R. R. MADDEN, M.D.

WITH THE HISTORY OF THE

EARLY LIFE OF THE NEGRO POET,

WRITTEN BY HIMSELF;

TO WHICH ARE PREFIXED

TWO PIECES DESCRIPTIVE OF

CUBAN SLAVERY AND THE SLAVE-TRAFFIC,

BY R. R. M.

LONDON:
THOMAS WARD AND CO.,
27, PATERNOSTER ROW;
AND MAY BE HAD AT THE OFFICE OF THE BRITISH AND FOREIGN
ANTI-SLAVERY SOCIETY, 27, NEW BROAD STREET.
1840.

Folha de rosto original de Manzano (2015 [1840]).

NARRATIVE

OF THE

SUFFERINGS OF LEWIS CLARKE,

DURING A

CAPTIVITY

OF MORE THAN TWENTY-FIVE YEARS,

AMONG THE

ALGERINES OF KENTUCKY,

ONE OF THE SO CALLED

CHRISTIAN STATES OF NORTH AMERICA.

DICTATED BY HIMSELF.

BOSTON:
DAVID H. ELA, PRINTER,
At the Stone Steps, 37 Cornhill.
1845.

Frontispício e folha de rosto de Clarke & Clarke (1845).

BIOGRAPHY

OF

MAHOMMAH G. BAQUAQUA,

A NATIVE OF ZOOGOO, IN THE INTERIOR OF AFRICA.

(A Convert to Christianity,)

WITH A DESCRIPTION OF THAT PART OF THE WORLD;

INCLUDING THE

Manners and Customs of the Inhabitants,

THEIR RELIGIOUS NOTIONS, FORM OF GOVERNMENT, LAWS,
APPEARANCE OF THE COUNTRY, BUILDINGS, AGRICULTURE, MANUFACTURES,
SHEPHERDS AND HERDSMEN, DOMESTIC ANIMALS,
MARRIAGE CEREMONIALS, FUNERAL SERVICES, STYLES OF DRESS,
TRADE AND COMMERCE, MODES OF WARFARE,
SYSTEM OF SLAVERY, &C., &C.

MAHOMMAH'S EARLY LIFE, HIS EDUCATION, HIS CAPTURE AND SLAVERY
IN WESTERN AFRICA AND BRAZIL,
HIS ESCAPE TO THE UNITED STATES, FROM THENCE TO HAYTI,
(THE CITY OF PORT AU PRINCE,)
HIS RECEPTION BY THE BAPTIST MISSIONARY THERE, THE REV. W. L. JUDD:
HIS CONVERSION TO CHRISTIANITY,
BAPTISM, AND RETURN TO THIS COUNTRY, HIS VIEWS,
OBJECTS AND AIM.

WRITTEN AND REVISED FROM HIS OWN WORDS,

BY SAMUEL MOORE, ESQ.,

*Late publisher of the "North of England Shipping Gazette," author of
several popular works, and editor of sundry reform papers.*

DETROIT:
Printed for the Author, Mahommah Gardo Baquaqua,
BY GEO. E. POMEROY & CO., TRIBUNE OFFICE.
1854.

Folha de rosto de
Baquaqua (1854).

NARRATIVE

OF THE

ADVENTURES AND ESCAPE

OF

MOSES ROPER,

FROM

AMERICAN SLAVERY.

WITH AN APPENDIX,
CONTAINING A LIST OF PLACES VISITED BY THE AUTHOR IN
GREAT BRITAIN AND IRELAND AND THE BRITISH ISLES;
AND OTHER MATTER.

THIRTY-SIXTH THOUSAND.

(ENTERED AT STATIONERS' HALL.)

BERWICK-UPON-TWEED:
PUBLISHED FOR THE AUTHOR, AND PRINTED
AT THE WARDER OFFICE.
MDCCCXLVIII.

Published in England at 2s. *Sterling.*
The Price of this Edition is 1s. 10½d. Currency (Three York Shillings.)

Folha de rosto de Roper (1848).

FROM SLAVERY. 29

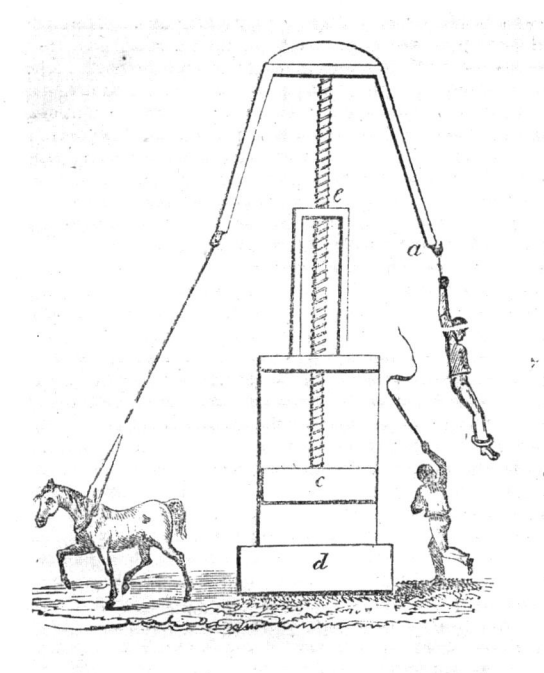

THE AUTHOR HANGING BY HIS HANDS TIED TO A COTTON SCREW.*

met with a coloured man, who got some wedges, and took my irons off. However, I was caught again, and put into prison in Charlotte, where Mr. Gooch came, and took me back to Chester. He asked me how I got my irons off. They having been got off by a slave, I would not answer his question, for fear of getting the man punished. Upon this he put the fin-

* This screw is sometimes moved round by hand, when there is a person hanging on it. The screw is made with wood, a large tree cut down, and carved the shape of a screw.

Thus God speaketh once, yea, twice, yet Man perceiveth it not. In a Dream in a Vision of the Night, when deep deep falleth upon Men, on slumbrings upon the Bed [Assim, Deus fala uma, sim, duas vezes, mas o homem não o percebe. Em um sonho, em uma visão noturna, quando as profundezas caem sobre os homens, preguiçosos sobre a cama] (Equiano, 1789, p. 148).

A. BANKS. 1767.

...t not. In a Dream, in a Vision of the Night, when deep... Then he openeth the Ears of Men, & sealeth their instruction — Job Ch. 33 V. 15, 16 & 29 &c.

THE NEGRO'S MEMORIAL,

OR,

ABOLITIONIST'S CATECHISM;

BY

AN ABOLITIONIST.

He that stealeth a man and selleth him, or if he
be found in his hand, he shall surely be put to death.
                                    EXOD. xxi. 16.

Albeit, unjust success
Empowers you now unpunished to oppress,
Revolving empire you and yours may doom:
(Rome subdued all, yet Vandals vanquish'd Rome!)
Yes; empire may revolve, give them the day,
And yoke may yoke, and blood may blood repay.
                        SAVAGE'S PUBLIC SPIRIT, 1739.

The evils of which the planters complain, proceed from
the vices of their system.
                                    WILBERFORCE.

LONDON:
Printed for the Author, and Sold by HATCHARD and Co.,
Piccadilly; and J. and A. ARCH, Cornhill.

1825.

Folha de rosto de
Cugoano (1825).

Frontispício e folha de
rosto de Northup (1853).

Scene in the Slave Pen at Washington
[Cena no barracão em Washington]
(Northup, 1853, p. 44a).

SEPERATION OF ELIZA AND HER LAST CHILD.

Seperation [sic] *of Eliza and her last child* [Separação de Eliza e seu filho mais novo] (Northup, 1853, p. 88).

CHAPIN RESCUES SOLOMON FROM HANGING.

Chapin rescues Solomon from hanging [Chapin resgata Solomon do enforcamento] (Northup, 1853, p. 114a).

SCENE IN THE COTTON FIELD, SOLOMON DELIVERED UP.

Scene in the cotton field, Solomon delivered up [Cena no campo de algodão, Solomon resgatado] (Northup, 1853, p. 304b).

Arrival home, and first meeting with his wife and children [Chegada em casa, primeiro encontro com a esposa e os filhos] (Northup, 1853, p. 308).

ROARING RIVER.

A REFRAIN OF THE RED RIVER PLANTATION.

"Harper's creek and roarin' ribber,
Thar, my dear, we'll live forebber;
Den we'll go to de Ingin nation,
All I want in dis creation,
Is pretty little wife and big plantation.

CHORUS.

Up dat oak and down dat ribber,
Two overseers and one little nigger."

Musical score [Partitura]. "Roaring River — A refrain of the red river plantation". "Harper's creek and roarin' ribber [sic],/ Thar, my dear, we'll live forebber [sic];/ Den [sic] we'll go to de Ingin nation,/ All I want in dis [sic] creations,/ Is pretty little wife and big plantation./ Chorus: Up dat oak and down that ribber [sic]/ Two overseers and one little nigger." ["O estrondo do rio — uma cantiga da fazenda do rio vermelho". O riacho Harper, o rio estrondoso/ Lá, minha querida, vamos viver pra sempre/ Então, vamos para a nação Ingin/ Tudo que eu quero nessa criação/ é uma pequena esposa e uma grande plantação/ Refrão: Pra lá daquele carvalho e descendo o rio/ Dois feitores e um negrinho] (Northup, 1853, p. 322).

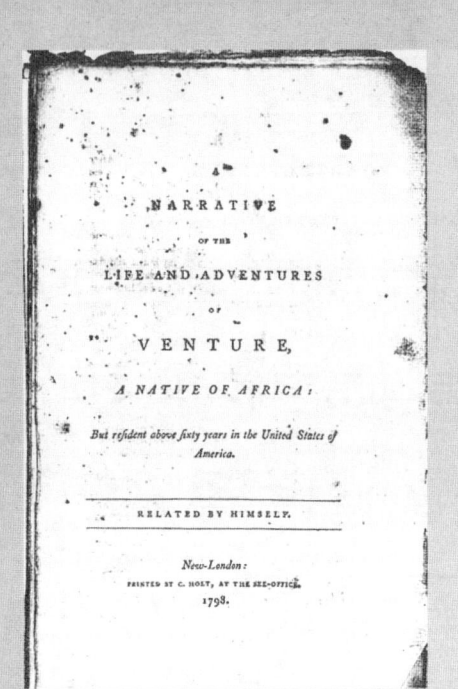

Folha de rosto de Smith (1798).

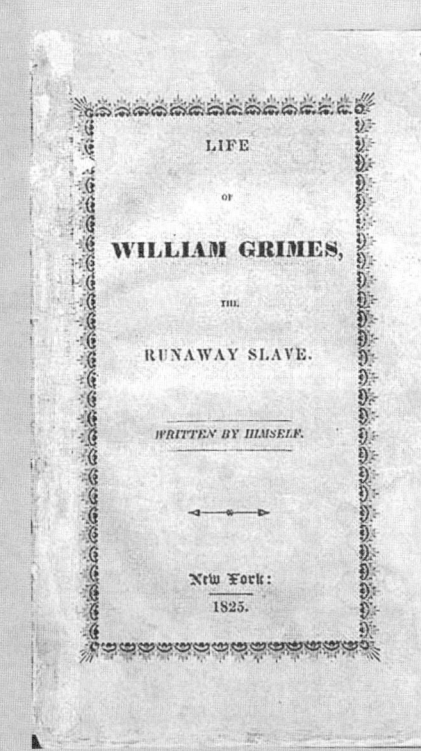

A
NARRATIVE
OF THE
LIFE AND ADVENTURES
OF
VENTURE,
A NATIVE OF AFRICA:
But resident above sixty years in the United States of America.

RELATED BY HIMSELF.

New-London:
PRINTED BY C. HOLT, AT THE BEE-OFFICE.
1798.

LIFE
OF
WILLIAM GRIMES,
THE
RUNAWAY SLAVE.

WRITTEN BY HIMSELF.

New York:
1825.

Folha de rosto de Grimes (1825).

THE

ATLANTIC MONTHLY.

A MAGAZINE OF

Literature, Science, Art, and Politics.

VOLUME XVII.

BOSTON:
TICKNOR AND FIELDS,
124 TREMONT STREET.
LONDON: TRÜBNER AND COMPANY.
1866.

Folha de rosto de Parker (1866).

Engraved by P.H. Reason

Henry Bibb

runaway! where is he?   *$50 Reward for...*

Daniel Lane after Henry Bibb in Louisville, Kentucky June 1848.
The object was to sell Bibb in the Slave market but Bibb turned
the corner too quick for him & escaped.

Folha de rosto de Bibb (1849).

NARRATIVE

OF

WILLIAM W.ells BROWN,

AN AMERICAN SLAVE.

WRITTEN BY HIMSELF.

——— Is there not some chosen curse,
Some hidden thunder in the stores of heaven,
Red with uncommon wrath, to blast the man
Who gains his fortune from the blood of souls?
                                                    Cowper.

ELEVENTH THOUSAND.

LONDON:
CHARLES GILPIN, BISHOPGATE-ST. WITHOUT.
1849.

Fronstispício de Brown (1847).

Folha de rosto de Truth (1850).

NARRATIVE

OF

SOJOURNER TRUTH,

A

NORTHERN SLAVE,

EMANCIPATED FROM BODILY SERVITUDE BY THE STATE OF NEW YORK, IN 1828.

WITH A PORTRAIT.

'Sweet is the virgin honey, though the wild bee store it in a reed;
And bright the jewelled band that circleth an Ethiop's arm;
Pure are the grains of gold in the turbid stream of the Ganges;
And fair the living flowers that spring from the dull cold sod.
Wherefore, thou gentle student, bend thine ear to my speech,
For I also am as thou art; our hearts can commune together;
To meanest matters will I stoop, for mean is the lot of mortal;
I will rise to noblest themes, for the soul hath a heritage of glory.'

BOSTON:
PRINTED FOR THE AUTHOR.
1850.

Retrato em gravura de Truth (1850).

Referências

ABBOT, W. W. *The Papers of George Washington: Presidential Series*. Charlottesville: The University of Virginia Press, 1987.

ACHOLONU, Catherine Obianuju. *The Igbo Roots of Olaudah Equiano: An Anthropological Research*. Owerri: AFA Publications, 1989.

ANDERSON, Benedict. *Comunidades imaginadas: reflexões sobre a origem e a difusão do nacionalismo*. Trad. Denise Bottmann. São Paulo: Companhia das Letras, 2011.

ANDREWS, William L. *To Tell a Free Story: The First Century of Afro-American Autobiography, 1760-1865*. Chicago: University of Illinois Press, 1986.

APTHEKER, Herbert. *Uma nova história dos Estados Unidos: a revolução americana*. Trad. Fernando Autran. Rio de Janeiro: Civilização Brasileira, 1969.

ARAUJO, Ana Lucia. "*12 anos de escravidão* e o problema da representação das atrocidades humanas". *Afro-Ásia*, n. 50, 2014a, p. 257-62.

ARAUJO, Ana Lucia. *Shadows of the Slave Past: Memory, Heritage, and Slavery*. Nova York: Routledge, 2014b.

ARMITAGE, David. *Declaração de independência: uma história global*. Trad. Angela Pessoa. São Paulo: Companhia das Letras, 2011.

ARTHUR. *The Life, and Dying Speech of Arthur, a Negro Man; Who Was Executed at Worcestor, October 10th, 1768. For a Rape Committed on the Body of One Deborah Metcalfe*. Boston: s./e., 1768.

AZEVEDO, Celia Maria Marinho de. *Onda negra, medo branco: o negro no imaginário das elites, século XIX*. Rio de Janeiro: Paz e Terra, 1987.

AZEVEDO, Celia Maria Marinho de. *Abolicionismo: Estados Unidos e Brasil, uma história comparada (século XIX)*. São Paulo: Annablume, 2003.

BAER, Helene Gilbert. *The Heart Is Like Heaven: The Life of Lydia Maria Child*. Filadélfia: University of Pennsylvania Press, 1964.

BALL, Charles. *Slavery in the United States: A Narrative of the Life and Adventures of Charles Ball, a Black Man, Who Lived Forty Years in Maryland, South Carolina and Georgia, as a Slave under Various Masters, and Was One Year in the Navy with Commodore Barney, during the Late War*. Nova York: John S. Taylor, 1837.

BAQUAQUA, Mahommah G. (1854). *An Interesting Narrative, Biography of Mahommah G. Baquaqua, a Native of Zoogoo, in the Interior of Africa (a convert to christianity,) with a Description of that Part of the World; Including the Manners and Customs of the Inhabitants their Religious Notions, Form of Government, Laws, Appearance of the Country, Buildings, Agriculture, Manufactures, Shepherds and Herdsmen, Domestic Animals, Marriage Ceremonials, Funeral Services, Styles of Dress, Trade and Commerce, Modes of Warfare, System of Slavery, &c., &c. Mahommah's Early Life, his Education, his Capture and Slavery in Western Africa and Brazil, his Escape to the United States, from thence to Hayti (the City of Port au Prince) his Reception by the Baptist Missionary There, The Rev. W. L. Judd; his Conversion to Christianity, Baptism, and Return to this Country, his Views, Objects and Aim*. Detroit: Samuel Moore, 1854.

BARRADAS, Ana. "Introdução". *In*: JACOBS, Harriet A. *Incidentes na vida de uma escrava: autobiografia*. Lisboa: Antígona, 1993, p. 7-12.

BELLUZZO, Ana Maria de M. *O Brasil dos viajantes*. São Paulo: Edição Metalivros/Fundação Odebrecht, 1994, 3 vols.

BERLIN, Ira. *Gerações de cativeiro: uma história da escravidão nos Estados Unidos*. Trad. Júlio Castanon. Rio de Janeiro: Record, 2006.

BETHEL, Leslie. *The Abolition of the Brazilian Slave Trade*. Nova York: Cambridge University Press, 1970.

BEVILACQUA, Juliana Ribeiro da Silva & SILVA, Renato Araújo da. *África em artes*. São Paulo: Museu Afro Brasil, 2015.

BIBB, Henry. *Narrative of the Life and Adventures of Henry Bibb, an American Slave, Written by Himself*. Nova York: edição do autor, 1849.

BLACKBURN, Robin. *The Making of New World Slavery: From the Baroque to the Modern, 1492-1800*. Londres: Verso, 1997 [Ed. bras.: *A construção do escravismo no Novo Mundo: do barro ao moderno 1492-1800*. Trad. Maria Beatriz de Medina. Rio de Janeiro: Record, 2003].

BLACKBURN, Robin. *A queda do escravismo colonial: 1776-1848*. Trad. Maria Beatriz de Medina. Rio de Janeiro: Record, 2002.

BLASSINGAME, John W. *The Slave Community: Plantation Life in the Antebellum South*. Nova York: Oxford University Press, 1972.

BORGES, Vavy Pacheco. "Grandezas e misérias da biografia". *In*: PINSKY, Carla Bassanezi (org.). *Fontes históricas*. São Paulo: Contexto, 2008, p. 203-33.

BOSCH, Aurora. *Historia de Estados Unidos: 1776-1945*. Barcelona: Crítica, 2010.

BOURDIEU, Pierre. "A ilusão biográfica". *In*: FERREIRA, Marieta de Moraes & AMADO, Janaína (org.). *Usos e abusos da história oral*. Rio de Janeiro: FGV Editora, 1996, p. 183-91.

BRENT, Linda [Harriet Ann Jacobs] & CHILD, Lydia Maria Francis (1861). *Incidents in the Life of a Slave Girl, Written by Herself*. Boston: edição das autoras, 1861 [Ed. bras.: *Incidentes na vida de uma menina escrava*. Trad. Ana Ban. São Paulo: Todavia, 2019].

BRINCH, Boyrereau; PRENTISS, Benjamin. *The Blind African Slave, or Memoirs of Boyrereau Brinch, Nicknamed Jeffrey Brace*. St. Albans, Harry Whitney, 1810.

BRISTOL. *The Dying Speech of Bristol*. Boston: Edes and Gill, 1763.

BROWDER, Laura. *Slippery Characters: Ethnic Impersonators and American Identities*. Chapel Hill / Londres: The University of North Carolina Press, 2000.

BROWN, William Wells. *Narrative of William W. Brown, a Fugitive Slave*. Boston: The Anti-Slavery Office, 1847.

BURNARD, Trevor. *Mastery, Tyranny, and Desire: Thomas Thistlewood and his Slaves in the Anglo-Jamaican World*. Chapel Hill / Londres: The University of North Carolina Press, 2004.

CADORNEGA, António de Oliveira de. *História geral das guerras angolanas*. Lisboa: Agência-Geral das Colônias, Divisão de Publicações e Biblioteca, 1940.

CARDOSO, Fernando Henrique. *Capitalismo e escravidão no Brasil meridional: o negro na sociedade escravocrata do Rio Grande do Sul*. São Paulo: Difel, 1962.

CARRETTA, Vincent. "Olaudah Equiano or Gustavus Vassa? New Light on an Eighteenth-Century Question of Identity". *Slavery and Abolition*, v. 20, n. 3, 1999, p. 96-105.

CARRETTA, Vincent. *Equiano, the African: Biography of a Self-Made Man*. Athens: University of Georgia Press, 2005.

CASTELNAU, Francis de. *Entrevistas com escravos africanos na Bahia oitocentista*. Trad. Marisa Murray. Rio de Janeiro: José Olympio, 2006.

CASTRO, Hebe. "História social". *In*: CARDOSO, Ciro Flamarion & VAINFAS, Ronaldo (org.). *Domínios da história: ensaios de teoria e metodologia*. Rio de Janeiro: Elsevier, 1997, p. 45-60

CHALHOUB, Sidney. *Visões da liberdade: uma história das últimas décadas da escravidão na Corte*. São Paulo: Companhia das Letras, 1990.

CLARK, Christopher. *The Communitarian Moment: The Radical Challenge of the Northampton Association*. Amherst: University of Massachusetts Press, 2003.

CLARKE, Lewis & CLARKE, Milton. *Narratives of the Sufferings of Lewis and Milton Clarke, Sons of a Soldier of the Revolution, during a Captivity of More Than Twenty Years Among the Slaveholders of Kentucky, One of the so Called Christian States of America. Dictated by Himself*. Boston: Bela Marsh, 1845.

COSTA, Emília Viotti da. *Coroas de glória, lágrimas de sangue: a rebelião dos escravos de Demerara em 1823*. Trad. Anna Olga de Barros Barreto. São Paulo: Companhia das Letras, 1998.

COSTA, Emília Viotti da. *Da senzala à colônia*. São Paulo: Difel, 1966.

COSTA e SILVA, Alberto da (org.). "Introdução". In: *Imagens da África: da Antiguidade ao século XIX*. São Paulo: Companhia das Letras, 2012, p. 9-16.

COVERT-WARNES, Kathy. "Lane Theological Seminary". In: FINKELMAN, Paul et al. (org.). *Encyclopedia of African American History, 1619-1895: From the Colonial Period to the Age of Frederick Douglass*. Nova York: Oxford University Press, 2006, p. 247-8.

CRAIS, Clifton & SCULLY, Pamela. *Sara Baartman and the Hottentot Venus: A Ghost Story and a Biography*. Princeton: Princeton University, 2008.

CRÈVECOUER, John de. *Letters from an American Farmer and Setches of 18th Century America*. Londres: Penguin, 1983.

CUGOANO, Quobna Ottobah. *Narrative of the Enslavement of Ottobah Cugoano, a Native of Africa; Published by Himself in the Year 1787*. Londres: Hatchard & Co., 1825.

CURTIN, Philip D. *The Atlantic Slave Trade, a Census*. Madison: University of Winsconsin Press, 1969.

CURTIN, Philip D. (org.). *Africa Remembered: Narratives by West Africans from the Era of the Slave Trade*. Madison: University of Wisconsin Press, 1967.

DAVIS, David Brion. *O problema da escravidão na cultura ocidental*. Trad. Wanda Caldeira Brant. Rio de Janeiro: Civilização Brasileira, 2001.

DEGLER, Carl N. *Nem preto, nem branco: escravidão e relações raciais no Brasil e nos Estados Unidos*. Trad. Fanny Wrobel. Rio de Janeiro: Labor do Brasil, 1976.

DELACROIX, Chistian; DOSSE, François & GARCIA, Patrick. *Correntes históricas na França: séculos XIX e XX*. Trad. Roberto Leal Ferreira. Rio de Janeiro / São Paulo: FGV Editora / Editora Unesp, 2012.

DONNAN, Elizabeth. *Documents Illustrative of the History of the Slave Trade to America*. Washington, DC: Carnegie Institution of Washington, 1930.

DOSSE, François. *O desafio biográfico: escrever uma vida*. Trad. Gilson César Cardoso de Souza. São Paulo: Edusp, 2009.

DOUGLASS, Frederick. *Narrative of the Life of Frederick Douglass, an American Slave*. Boston: Anti-Slavery Office, 1845 [Ed. bras.: *Narrativa da vida de Frederick Douglass e outros textos*. Trad. Odorico Leal. São Paulo: Companhia das Letras, 2021].

DOUGLASS, Frederick. "What to a Slave is the 4th of July?". Discurso proferido diante da Rochester Anti-Slavery Sewing Society. Rochester, 5 jul. 1852. Disponível em: http://www.lib.rochester.edu/index.cfm?page=2945.

DRESCHER, Seymour. *Econocide: British Slavery in the Era of Abolition*. Pittsburgh: University of Pittsburgh Press, 1977.

DRESCHER, Seymour. *Capitalism and Anti-Slavery: British Mobilization in Comparative Perspective*. Nova York: Oxford University Press, 1986.

DRESCHER, Seymour. "A abolição brasileira em perspectiva comparativa". Trad. Jaime Rodrigues. *História Social*, n. 2, 1995, p. 115-62.

DRESCHER, Seymour. *Abolição: uma história da escravidão e do antiescravismo*. Trad. Antonio Penalves Rocha. São Paulo: Editora Unesp, 2011.

DU BOIS, W.E.B. *The Souls of Black Folk*. Chicago: A. C. McClurg, 1903 [Ed. bras.: *As almas do povo negro*. Trad. Alexandre Boide. São Paulo: Veneta, 2021].

EDWARDS, Paul (org.). *Equiano's Travels*. Nova York: Praeguer, 1967.

ELKINS, Stanley M. *Slavery: A Problem in American Institutional and Intelectual Life*. Chicago: University of Chicago Press, 1959.

ELTIS, David. *The Rise of African Slavery in the Americas*. Nova York: Cambridge University Press, 2000.

ELTIS, David & RICHARDSON, David. *Atlas of the Transatlantic Slave Trade*. New Haven, Yale University Press, 2010.

ELTIS, David & WALVIN, James (org.). *The Abolition of the Atlantic Slave Trade*. Madison: University of Wisconsin Press, 1981.

ENGERMAN, Stanley L. "The Slave Trade and British Capital Formation in the Eighteenth-Century: A Comment on the Williams Thesis". *The Business History Review*, v. 46, n. 4, 1972, p. 430-43.

ENGERMAN, Stanley L. & GENOVESE, Eugene D. (org.). *Race and Slavery in the Western Hemisphere: Quantitative Studies*. Princeton: Princeton University Press, 1975

EQUIANO, Olaudah. *The Interesting Narrative and the Life of Olaudah Equiano, or Gustavus Vassa, the African*. Londres: s./e., 1789.

ESCOTT, Paul D. *Slavery Remembered: A Record of Twentieth-Century Slave Narratives*. Chapel Hill: The University of North Carolina Press, 1979.

FERGUSON, Moira. "Mary Wollstonecraft and the Problematic of Slavery". *Feminist Review*, n. 42, 1992, p. 82-102.

FERNANDES, Florestan. *A integração do negro na sociedade de classes*. São Paulo: Dominus, 1965.

FERREIRA, Antonio Celso. "Literatura: a fonte fecunda". In: PINSKY, Carla Bassanezi & LUCA, Tânia Regina de (org.). *O historiador e suas fontes*. São Paulo: Contexto, 2009, p. 61-92.

FLEISCHNER, Jennifer. *Mastering Slavery: Memory, Family, and Identity in Women's Slave Narratives*. Nova York: NYU Press, 1996.

FLORENTINO, Manolo Garcia. *Em costas negras: uma história do tráfico atlântico de escravos entre a África e o Rio de Janeiro (séculos XVIII e XIX)*. Rio de Janeiro: Arquivo Nacional, 1995.

FLORENTINO, Manolo Garcia & GÓES, José Roberto. "Morfologias da infância escrava: Rio de Janeiro, séculos XVIII e XIX". In: FLORENTINO, Manolo (org.). *Tráfico, cativeiro e liberdade*. Rio de Janeiro: Civilização Brasileira, 2005, p. 207-28.

FOGEL, Robert William & ENGERMAN, Stanley L. *Time on the Cross: The Economics of American Negro Slavery*. Boston: Little, Brown and Company, 1974.

FONER, Eric. *Nada além da liberdade: a emancipação e seu legado*. Trad. Luiz Paulo Rouanet. Rio de Janeiro: Paz e Terra, 1988.

FONER, Philip S. (org.). *Frederick Douglass: Selected Speeches and Writings*. Chicago: Lawrence Hill Books, 1999, p. 188-205.

FORTIS, Edmund. *The Last Words and Dying Speech of Edmund Fortis, a Negro Man, who Appeared to be between Thirty and Forty Years of Age, but Very Ignorant. He Was Executed at Dresden, on Kennebeck River,* on Thursday the Twenty-Fifth Day of September, 1794, for a Rape and Murder, Committed on the Body of Pamela Tilton, a Young Girl of about Fourteen Years of Age, Daughter of Mr. Tilton of Vassalborough, in the County of Lincoln. Exeter: s./e., 1795.

FORTUNE. *The Dying Confession and Declaration of Fortune, a Negro Man, who Was Executed in Newport, (Rhode Island) on Friday the 14th of May, 1762, for Setting Fire to the Stores on the Long Wharf.* Boston: Fowle and Draper, 1762.

FOSTER, Frances Smith. *Witnessing Slavery: The Development of Antebellum Slave Narratives.* Westport: Greenwood Press, 1979.

FOUCAULT, Michel. "A escrita de si". In: *O que é um autor?* Lisboa: Vega, 1992, p. 129-60.

FOUCAULT, Michel. "A escrita de si". In: *Ditos e escritos — Ética, sexualidade e política*, v. 5. Trad. Elisa Monteiro e Inês Autran Dourado Barbosa. São Paulo: Forense, 2012a, p. 141-57.

FOUCAULT, Michel. "Uma estética da existência". In: *Ditos e escritos — Ética, sexualidade e política*, v. 5. Trad. Elisa Monteiro e Inês Autran Dourado Barbosa. São Paulo: Forense, 2012b, p. 281-6.

FRANCO, Stella Maris Scatena. *Peregrinas de outrora: viajantes latino-americanas no século XIX.* Florianópolis: Editora Mulheres, 2008.

FRANKLIN, Sarah L. *Suitable to her Sex: Race, Slavery and Patriarchy in Nineteenth-century Colonial Cuba.* Tese de doutorado (História). The Florida State University, Tallahassee, 2006.

FRAZIER, E. Franklin. *The Negro in the United States.* Nova York: Macmillan, 1957.

FREYRE, Gilberto. *Casa-grande & senzala: formação da família brasileira sob o regime da economia patriarcal.* São Paulo: Global, 2010 [1933].

FRYER, Peter. *Staying Power: The History of Black People in Britain.* Londres: Pluto Press, 1984.

GATES JR., Henry Louis. "Posfácio: A mais completa escuridão". In: NORTHUP, Solomon. *12 anos de escravidão.* Trad. Caroline Chang. São Paulo: Companhia das Letras, 2014, p. 259-73.

GATES JR., Henry Louis & MCKAY, Nellie Y. *The Norton Anthology of African American Literature*. Nova York: W. W. Norton & Company, 2004.

GEMERY, Henry A. & HOGENDORN, Jan S. *The Uncommon Market: Essays in the Economic History of the Atlantic Slave Trade*. Nova York: Academic Press, Inc., 1979.

GENOVESE, Eugene. *Roll, Jordan, Roll: The World the Slaves Made*. Nova York: Vintage Books, 1974.

GENOVESE, Eugene. *Da rebelião à revolução: as revoltas de escravos negros nas Américas*. Trad. Carlos Eugênio M. Moura. São Paulo: Global, 1983.

GILMAN, Sander L. "Black Bodies, White Bodies: Toward an Iconography of Female Sexuality in Late Nineteenth-Century Art, Medicine, and Literature". *Critical Inquiry*, v. 12, n. 1, 1985, p. 204-42.

GILROY, Paul. *O Atlântico negro: modernidade e dupla consciência*. Trad. Cid Knipel Moreira. São Paulo: Editora 34, 2012.

GOMES, Angela de Castro (org.). *Escrita de si, escrita da história*. Rio de Janeiro: FGV Editora, 2004.

GOODMAN, Paul (1998). *Of One Blood: Abolitionism and the Origins of Racial Equality*. Berkeley / Los Angeles / Londres: University of California Press, 1998.

GORENDER, Jacob. *O escravismo colonial*. São Paulo: Ática, 1978.

GOULD, Stephen Jay. "The Hottentot Venus". *In: The Flamingo's Smile: Reflections in Natural History*. Nova York: W. W. Norton & Company, 1985, p. 291-305.

GREEN, James. "The Publishing History of Olaudah Equiano's *Interesting narrative*". *Slavery & Abolition*, v. 16, n. 3, 1995, p. 362-75.

GRIMES, William. *Life of William Grimes, the Runaway Slave*. Nova York: s./e., 1825.

GRINBERG, Keila & PEABODY, Sue. *Escravidão e liberdade nas Américas*. Rio de Janeiro: FGV Editora, 2013.

GUTIÉRREZ, Horacio. "O tráfico de crianças escravas para o Brasil do século XVIII". *Revista de História*, n. 120, 1989, p. 59-72.

GUTMAN, Herbert G. *The Black Family in Slavery and Freedom, 1750-1925*. Nova York: Pantheon Books, 1976.

HALL, Stuart. *Da diáspora: identidades e mediações culturais*. Trad. Adelaide La Guardia Resende *et al*. Belo Horizonte: Editora UFMG, 2003.

HAMA, Boubou & KI-ZERBO, Joseph. "Lugar da história na sociedade africana". *In*: KI-ZERBO, Joseph. (org.). *História geral da África — Metodologia e pré-história da África*, v. I. Trad. Núcleo de Estudos Afro-Brasileiros (NEAB/UFSCar). Brasília: Unesco, 2010, p. 23-36. Disponível em: https://unesdoc.unesco.org/ark:/48223/pf0000190249.

HAMMON, Briton. *A Narrative of the Uncommon Sufferings, and Surprizing Deliverance of Briton Hammon, a Negro Man, Servant to General Winslow, of Marshfield, in New-England; who Returned to Boston, after Having Been Absent almost Thirteen Years Containing an Account of the Many Hardships he Underwent from the Time he Left his Master's House, in the Year 1747, to the Time of his Return to Boston*. Boston: Green and Russell, 1760.

HANDLER, Jerome S. "Survivors of the Middle Passage: Life Histories of Enslaved Africans in British America". *Slavery and Abolition*, v. 23, n. 1, 2002, p. 25-56.

HARMS, Robert. *The Diligent: A Voyage through the Worlds of the Slave Trade*. Nova York: Basic Books, 2002.

HARRIS, J. E. "A diáspora africana no Antigo e no Novo Mundo". *In*: OGOT, Bethwell Allan (org.). *História geral da África — África do século XVI ao XVIII*, v. V. Trad. Núcleo de Estudos Afro-Brasileiros (NEAB/UFSCar). Brasília: Unesco, 2010, p. 135-64.

HEGLAR, Charles J. *Rethinking the Slave Narrative: Slave Marriage and the Narratives of Henry Bibb and William and Ellen Craft*. Westport: Praeger, 2001.

HEINE, Bernd & NURSE, Derek (org.). *African Languages: An Introduction*. Nova York: Cambridge University Press, 2000.

HENSON, Josiah (1849). *The Life of Josiah Henson, Formerly a Slave, now an Inhabitant of Canada, as Narrated by Himself*. Boston: Arthur D. Phelps, 1849.

HERSAK, Dunja. "Reviewing Power, Process, and Statement: The Case of Songye Figures". *African Arts*, v. 43, n. 2, 2010, p. 38-51.

HOBSBAWM, Eric. "A história de baixo para cima". In: *Sobre história: ensaios*. Trad. Cid Knipel Moreira. São Paulo: Companhia das Letras, 1998, p. 216-34.

HOBSBAWM, Eric. *Nações e nacionalismo desde 1780*. Trad. Maria Célia Paoli e Anna Maria Quirino. São Paulo: Paz e Terra, 2008.

HOBSBAWM, Eric & RANGER, Terence. *A invenção das tradições*. Trad. Celina Cardim Cavalcante. São Paulo: Paz e Terra, 1997.

HOPKINS, Dwight N. & CUMMINGS, George C. L. (org.). *Cut Loose your Stammering Tongue: Black Theology in the Slave Narratives*. Louisville: Westminster John Knox Press, 2003.

HORSCHILD, Adam. *Enterrem as correntes: profetas e rebeldes na luta pela libertação dos escravos*. Trad. Wanda Nogueira Caldeira Brant. Rio de Janeiro: Record, 2007.

IANNI, Octávio. *As metamorfoses do escravo*. São Paulo: Difel, 1962.

INSTITUTO DE PESQUISA ECONÔMICA APLICADA; SECRETARIA DE POLÍTICAS DE PROMOÇÃO DA IGUALDADE RACIAL. *Situação social da população negra por estado*. Brasília: Ipea, 2014.

JACKSON, John Andrew. *The Experience of a Slave in South Carolina*. Londres: Passmore & Alabaster, 1862.

JAMES, C.L.R. *Os jacobinos negros: Toussaint L'Ouverture e a revolução de São Domingos*. Trad. Afonso Teixeira Filho. São Paulo: Boitempo, 2010.

JOHNSON, Walter. *Soul by Soul: Life inside the Antebellum Slave Market*. Boston: Harvard University Press, 1999.

JONES, G. I. "Olaudah Equiano of the Niger Ibo". In: CURTIN, Philip D. (org.). *Africa Remembered: Narratives by West Africans from the Era of the Slave Trade*. Madison: University of Wisconsin Press, 1967, p. 60-98.

JONES, Howard. *Mutiny on the Amistad: The Saga of the Slave Revolt and Its Impact on American Abolition, Law and Diplomacy*. Nova York: Oxford University Press, 1997.

JONES, Howard. "Cinqué of the Amistad a Slave Trader? Perpetuating a Myth". *The Journal of American History*, v. 87, n. 3, 2000, p. 923-39.

JOYNER, Charles W. *Down by the Riverside: A South Carolina Slave Community*. Chicago: University of Illinois Press, 1985.

KIERNAN, V. G. *Estados Unidos: o novo imperialismo: da colonização branca à hegemonia mundial*. Trad. Ricardo Doninelli-Mendes. Rio de Janeiro: Record, 2009.

KNIGHT, Franklin W. "A diáspora africana". *In*: AJAYI, J. F. Ade (org.). *História geral da África — África do século XIX à década de 1880*, v. VI. Trad. Núcleo de Estudos Afro-Brasileiros (NEAB/UFSCar). Brasília: Unesco, 2010, p. 875-904.

KORIEH, Chima J. (org.). *Olaudah Equiano and the Igbo World: History, Society, and Atlantic Diaspora Connections*. Trenton: Africa World Press, 2008.

LARA, Silvia Hunold. *Campos da violência: escravos e senhores na capitania do Rio de Janeiro: 1750-1808*. São Paulo: Paz e Terra, 1988.

LAW, Robin & LOVEJOY, Paul (org.). *The Biography of Mahommah Gardo Baquaqua: His Passage from Slavery to Freedom in Africa and America*. Princeton: Markus Wiener Publishers, 2002.

LEJEUNE, Philippe. *O pacto autobiográfico: de Rousseau à internet*. Trad. Jovita Maria Gerheim Noronha e Maria Inês Coimbra Guedes. Belo Horizonte: Editora da UFMG, 2008.

LEVILLAIN, Phillipe. "Os protagonistas da biografia". *In*: RÉMOND, René (org.). *Por uma história política*. Trad. Dora Rocha. Rio de Janeiro: FGV Editora, 2003, p. 141-86.

LINEBAUGH, Peter & REDIKER, Marcus. *A hidra de muitas cabeças: marinheiros, escravos, plebeus e a história oculta do Atlântico revolucionário*. Trad. Berilo Vargas. São Paulo: Companhia das Letras, 2008.

LISBOA, Karen Macknow. *Mundo novo, mesmo mundo. Viajantes de língua alemã no Brasil (1893-1942)*. São Paulo: Hucitec/Fapesp, 2011.

MAC CORD, Marcelo; ARAÚJO, Carlos Eduardo Moreira de & GOMES, Flávio dos Santos (org.). *Rascunhos cativos: educação, escolas e ensino no Brasil escravista*. Rio de Janeiro: 7 Letras, 2017.

MACHADO, Maria Helena Pereira Toledo. *Crime e escravidão: trabalho, luta, resistência nas lavouras paulistas: 1830-1888*. São Paulo: Brasiliense, 1987.

MANZANO, Juan Francisco. *A autobiografia do poeta-escravo*. Trad. Alex Castro. São Paulo: Hedra, 2015.

MATTOS, Hebe Maria. *Das cores do silêncio: os significados da liberdade no Sudeste escravista, Brasil, séc. XIX*. Rio de Janeiro: Nova Fronteira, 1998.

MATTOSO, Kátia de Queirós. *Ser escravo no Brasil*. São Paulo: Brasiliense, 1982.

MAUAD, Ana Maria & MUAZE, Mariana. "A escrita da intimidade: história e memória no diário da viscondessa do Arcozelo". In: GOMES, Angela de Castro (org.). *Escrita de si, escrita da história*. Rio de Janeiro: FGV Editora, 2004, p. 197-228.

MBEMBE, Achille. "As formas africanas de autoinscrição". Trad. Patrícia Farias. *Estudos Afro-Asiáticos*, v. 23, n. 1, 2001, p. 171-209.

MCBRIDE, Dwight A. *Impossible Witnesses: Truth, Abolitionism, and Slave Testimony*. Nova York: NYU Press, 2001.

MERCER, Kobena. "Diaspora Culture and the Dialogic Imagination: The Aesthetics of Black Independent Film in Britain". In: *Welcome to the Jungle: New Positions in Black Cultural Studies*. Londres: Routledge, 1994, p. 53-68.

MILLER, Joseph C. *Way of Death: Merchant Capitalism and the Angolan Slave Trade, 1730-1830*. Madison: University of Wisconsin Press, 1988.

MINOR, DoVeanna S. Fulton & PITTS, Reginald H. (org.). *Speaking Lives, Authoring Texts: Three African American Women's Oral Slave Narratives*. Nova York: State University of New York Press, 2010.

MOUNTAIN, Joseph & DAGGETT, David. *Sketches of the Life of Joseph Mountain, a Negro, Who Was Executed at New Haven, on the 20th Day of October, 1790, for a Rape, Committed on the 26th Day of May Last*. New Haven: T. and S. Green, 1790.

MULVEY, Paul. *The Political Life of Josiah C. Wedgwood: Land, Liberty and Empire, 1872-1943*. Londres: The Royal Historic Society / The Boydell Press, 2010.

MYERS, Norma. *Reconstructing the Black Past: Blacks in Britain, 1700-1830*. Londres / Nova York: Routledge, 1996.

NABUCO, Joaquim. *O abolicionismo*. Londres: Typographia de Abraham Kingdon e Ca., 1883.

NASCIMENTO, Elisa Larkin (org.). *A matriz africana no mundo*. São Paulo: Selo Negro, 2008.

NASCIMENTO, Elisa Larkin (org.). *Afrocentricidade: uma abordagem epistemológica inovadora*. São Paulo: Selo Negro, 2009.

NEYT, François. *Songye: la redoutable statuaire d'Afrique centrale*. Anvers: Fonds Mercator; Milan: 5 Continents, 2004.

NORTHUP, Solomon (1853). *Twelve Years a Slave: Narrative of Solomon Northup, a Citizen of New York, Kidnapped in Washington City in 1841, and Rescued in 1853*. Auburn: / Buffalo / Londres: Derby and Miller / Derby, Orton and Mulligan / Sampson Low, Son and Company, 1853. [Ed. bras.: *12 anos de escravidão*. Trad. Caroline Chang. São Paulo: Companhia das Letras, 2014].

OWENS, Harry P. (org.). *Perspectives and Irony in American Slavery*. Jackson: University Press of Mississipi, 1976.

PARKER, William. "The freedman's story". *The Atlantic Monthly*, v. XVII, 1866.

PATTERSON, Orlando. *Escravidão e morte social: um estudo comparativo*. Trad. Fábio Duarte Joly. São Paulo: Edusp, 2008.

PEREIRA, Duarte Pacheco. *Esmeraldo de situ orbis*. Lisboa: Academia Portuguesa de História, 1988.

PERRY, Lewis & FELLMAN, Michael. *Antislavery Reconsidered: New Perspectives on the Abolitionists*. Baton Rouge / Londres: Louisiana State University Press, 1979.

PIRES, Catarina; ARAÚJO, Emanoel & BERNASCHINA, Paulo (org.). *Da cartografia do poder aos itinerários do saber*. São Paulo: Museu Afro Brasil, 2014.

PRATT, Mary Louise. *Os olhos do império: relatos de viagem de transculturação*. Trad. Jésio Gutierre. Bauru: Edusc, 1999.

PRINCE, Mary. *The History of Mary Prince, a West Indian Slave*. Londres: F. Westley and A. H. Davis, 1831.

QUEIROZ, Suely Robles Reis de. "Escravidão negra em debate". In: FREITAS, Marcos Cezar de (org.). *Historiografia brasileira em perspectiva*. São Paulo: Contexto, 2005, p. 103-17.

RAGO, Margareth. *A aventura de contar-se: feminismos, escrita de si e invenções de subjetividade*. Campinas: Editora da Unicamp, 2013.

RAWICK, George P. *From Sundown to Sunup: The Making of the Black Community*. Westport: Greenwood Press, 1972.

REDIKER, Marcus. *O navio negreiro: uma história humana*. Trad. Luciano Vieira Machado. São Paulo: Companhia das Letras, 2011.

REIS, João José. *Rebelião escrava no Brasil: a história do levante dos malês (1835)*. São Paulo: Brasiliense, 1986.

REIS, João José; GOMES, Flávio dos Santos & CARVALHO, Marcus J. M. de. *O alufá Rufino: tráfico, escravidão e liberdade no Atlântico negro (c. 1822-c. 1853)*. São Paulo: Companhia das Letras, 2010.

RENAN, Ernest. "What is a Nation?", 1992 ["Qu'est-ce qu'une nation?", conferência proferida na Sorbonne em 11 mar. 1882]. Disponível em: http://ucparis.fr/files/9313/6549/9943/What_is_a_Nation.pdf.

RINCHON, Dieudonné. *La traite et l'esclavage des Congolais par les Européens*. Bruxelas: s./e., 1929.

RIPA, Cesare. *Iconología*. Madri: Ediciones Akal, 2002.

ROCHA, Antonio Penalves. *Abolicionistas brasileiros e ingleses: a coligação entre Joaquim Nabuco e a British and Foreign Anti-Slavery Society (1880-1902)*. São Paulo: Editora Unesp, 2009.

RODRIGUES, Jaime. *De costa a costa: escravos, marinheiros e intermediários do tráfico negreiro de Angola ao Rio de Janeiro (1780-1860)*. São Paulo: Companhia das Letras, 2005.

RODRIGUES, Jaime. "Africanos como tripulantes no Atlântico, séculos XVIII e XIX: historiografia e novas evidências". In: PAIVA, Eduardo França & SANTOS, Vanicléia Silva (org.). *África e Brasil no mundo moderno*. São Paulo / Belo Horizonte: Annablume / PPGH-UFMG, 2012, p. 207-20.

RODRIGUES, Jaime. "Um sepulcro grande, amplo e fundo: saúde alimentar no Atlântico, séculos XVI ao XVIII". *Revista de História*, n. 168, jun. 2013, p. 325-50.

RODRIGUEZ, Junius P. (org.). *Encyclopedia of Slave Resistance and Rebellion*. Westport: Greenwood, 2006.

ROLINGHER, Louise. "A Metaphor of Freedom: Olaudah Equiano and Slavery in Africa". *Canadian Journal of African Studies*, v. 38, n. 1, 2004, p. 88-122.

ROMERO, Helena Castello. "O arquivo da escravidão em narrativas orais de uma mulher não-alfabetizada: práticas letradas e ideologia". *Linguagens e diálogos*, v. 1, n. 2, 2010, p. 63-73.

ROPER, Moses. *Narrative of the Adventures and Escape of Moses Roper, from American Slavery*. Berwick-upon-Tweed: edição do autor, 1848.

SALERNO, Beth A. *Sister Societies: Women's Antislavery Societies in Antebellum America*. DeKalb: Northern Illinois University Press, 2005.

SANTOS, Frei João dos. *Ethiopia oriental e varia historia de cousas notaveis do Oriente*. Lisboa: Comissão Nacional para as comemorações dos Descobrimentos Portugueses, 1999.

SANTOS, José de Paiva dos. "Autobiografia, apropriações e subversões: a literatura negra abolicionista nos Estados Unidos oitocentistas". *Vertentes*, v. 19, n. 1, 2011.

SCHAMA, Simon. *Travessias difíceis: Grã-Bretanha, os escravos e a Revolução Americana*. Trad. Denise Bottmann. São Paulo: Companhia das Letras, 2011.

SCHLEUMER, Fabiana. "Cenários da escravidão colonial: história e historiografia". *Revista Ultramares*, v. 1, n. 1, 2012, p. 97-120.

SCHWARTZ, Stuart. "A historiografia recente da escravidão brasileira". In: *Escravos, roceiros e rebeldes*. Trad. Jussara Simões. Bauru: Edusc, 2001, p. 21-82.

SCOTT, Rebecca J. & HÉBRARD, Jean M. *Provas de liberdade: uma odisseia atlântica na era da emancipação*. Trad. Vera Joscelyne. Campinas: Editora Unicamp, 2014.

SENNET, Richard. *O declínio do homem público: as tiranias da intimidade*. Trad. Lygia Araújo Watanabe. Rio de Janeiro: Record, 2014.

SHARPE, Jim. "A história vista de baixo". In: BURKE, Peter (org.). *A escrita da história: novas perspectivas*. Trad. Magda Lopes. São Paulo: Editora Unesp, 1992, p. 39-62.

SILVA, Rafael Domingos Oliveira da. *"Negrinhas" e "negrinhos": visões sobre a criança escrava no Brasil oitocentista*. Trabalho de conclusão de curso (História). São Paulo: Universidade Federal de São Paulo, 2013.

SLENES, Robert. "Escravos, cartórios e desburocratização: o que Rui Barbosa não queimou será destruído agora?". *Revista Brasileira de História*, v. 5, n. 10, 1985, p. 166-96.

SLENES, Robert. "'Malungu, Ngoma vem!': África encoberta e descoberta no Brasil". *Cadernos do Museu da Escravatura*, v. 2. Luanda, Ministério da Cultura, 1995.

SMALLWOOD, Stephanie E. *Saltwater Slavery: A Middle Passage from Africa to American Diaspora*. Boston: Harvard University Press, 2007.

SMITH, Stephen. *Life, Last Words and Dying Speech of Stephen Smith, a Black Man, Who Was Executed at Boston this Day Being Thursday, October 12, 1797 for Burglary*. Boston: s./e., 1797.

SMITH, Valerie. *Self-Discovery and Authority in Afro-American Narrative*. Boston: Harvard University Press, 1991.

SMITH, Venture. *A Narrative of the Life and Adventures of Venture, a Native of Africa: but Resident above Sixty Years in the United State of America*. New London: C. Holt, 1798.

STAMPP, Kenneth M. *The Peculiar Institution: Slavery in the Antebellum South*. Nova York: Vintage Books, 1956.

STANTON, Elizabeth Cady; ANTHONY, Susan B. & GAGE, Matilda Joslyn. *History of Woman Suffrage*. Rochester: Charles Mann, 1889.

STEVENSON, Brenda. *Life in Black and White: Family and Community in the Slave South*. Nova York: Oxford University Press, 1996.

STOLS, Eddy. "Aparências, imagens e metamorfoses dos africanos na pintura e na escultura flamenga e holandesa (sécs. XV-XVIII)". In: FURTADO, Júnia (org.). *Sons, formas, cores e movimentos na modernidade atlântica: Europa, Américas e África*. São Paulo / Belo Horizonte: Annablume / FAPEMIG, PPGH-UFMG, 2008, p. 229-75.

TANNENBAUM, Frank. *Slave and Citizen: The Negro in the Americas*. Nova York: Vintage Books, 1947.

THOMPSON, E. P. "History from Below". *The Times Literary Supplement*. Londres, 1966, p. 275-80, 1966.

THOMPSON, E. P. *A miséria da teoria ou um planetário de erros*. Trad. Waltensir Dutra. Rio de Janeiro: Zahar, 1981.

THOMPSON, E. P. *A formação da classe operária inglesa — A árvore da liberdade*, v. 1. Trad. Denise Bottmann. Rio de Janeiro: Paz e Terra, 1987.

THOMPSON, John. *The Life of John Thompson, a Fugitive Slave; Containing his History of 25 Years in Bondage, and his Providential Escape*. Worcester: John Thompson, 1856.

THORNTON, John. *A África e os africanos na formação do mundo Atlântico, 1400-1800*. Trad. Marisa Rocha Matta. Rio de Janeiro: Campus, 2004.

TOMICH, Dale W. *Pelo prisma da escravidão: trabalho, capital e economia mundial*. Trad. Antonio de Pádua Danesi. São Paulo: Edusp, 2011.

TRANS-ATLANTIC SLAVE TRADE: DATABASE. *In:* SLAVE VOYAGES. Atlanta: Emory University, 2008. Disponível em: https://www.slavevoyages.org/voyage/database.

TRUTH, Sojourner. *Narrative of Sojourner Truth, a Northern Slave, Emancipated from Bodily Servitude by the State of New York, in 1828*. Boston: edição da autora, 1850 [Ed. bras.: *E eu não sou uma mulher? A narrativa de Sojourner Truth*. Trad. Carla Cardoso. Rio de Janeiro: Ímã Editorial, 2020].

UKAWSAW GRONNIOSAW, James Albert; SHIRLEY, Walter. *A Narrative of the Most Remarkable Particulars in the Life of James Albert Ukawsaw Gronniosaw, an African Prince, as Related by Himself*. Bath: W. Gye, 1770.

UNITED KINGDOM. FOREIGN OFFICE. *Parliamentary Papers*, v. XLIX, n. 73, 1845, p. 593-633

WALVIN, James. *An African's Life: The Life and Times of Olaudah Equiano, 1745-1797*. Londres / Nova York: Continuum, 1998 [1845].

WHITE, Deborah Gray. "Jezebel and Mammy: The Mythology of Female Slavery". In: *Ar'n't I a Woman? Female Slaves in the Plantation South*. Nova York: W. W. Norton & Company, 1985, p. 27-61.

WHITE, George. *A Brief Account of the Life, Experience, Travels, and Gospel Labours of George White, an African; Written by Himself, and Revised by a Friend*. Nova York: John C. Totten, 1810.

WILLIAMS, Eric. *Capitalismo e escravidão*. Trad. Denise Bottmann. São Paulo: Companhia das Letras, 2012.

WILLIAMS, Raymond. *A produção social da escrita*. Trad. André Glaser. São Paulo: Editora Unesp, 2014.

WINTER, Kari J. *Subjects of Slavery, Agents of Change: Women and Power in Gothic Novels and Slaves Narratives, 1790-1865*. Athens: University of Georgia Press, 1992.

WINTER, Kari J. "The Strange Career of Benjamin Franklin Prentiss, Antislavery Lawyer". *Vermont Historical Society*, v. 79, n. 2, 2011, p. 121-40.

WISSENBACH, Maria Cristina Cortez. "Teodora Dias da Cunha: construindo um lugar para si no mundo da escrita e da escravidão". *In*: XAVIER, Giovana; FARIAS, Juliana Barreto & GOMES, Flávio (org.). *Mulheres negras no Brasil escravista e do pós-emancipação*. São Paulo: Selo Negro, 2012, p. 228-43.

WISSENBACH, Maria Cristina Cortez. "Cartas, procurações e patuás: os significados da escrita no mundo da escravidão". *In*: MAC CORD, Marcelo; ARAÚJO, Carlos Eduardo Moreira de & GOMES, Flávio dos Santos (org.). *Rascunhos cativos: educação, escolas e ensino no Brasil escravista*. Rio de Janeiro: 7 Letras, 2017, p. 59-76.

ZINN, Howard. *A People's History of the United States, 1492-Present*. Nova York: Harper & Row, 1980.

Agradecimentos

Muitas pessoas e instituições foram imprescindíveis para a realização da pesquisa que deu origem a este livro. Por sua inestimável contribuição agradeço: Patricia Teixeira Santos, Maria Antonieta Antonacci, Wilma Peres Costa, Ana Lucia Araujo, Maria Cristina Cortez Wissenbach, Stella Maris Scatena Franco, Marcus Rediker, Marcio Farias, Amanda Carneiro, Carlos Moacir, Renata dos Santos, Juliana dos Santos, Patricia Sodré, Anita Lazarim, Gabriela Nery, Arthur Santos, Natália Neris, Ana Mendonça, Agnes Maria, Ana Carolina Carvalho, Departamento de História da Universidade Federal de São Paulo, Coordenação de Aperfeiçoamento de Pessoal de Nível Superior (Capes), Fundação de Amparo à Pesquisa do Estado de São Paulo (Fapesp), Núcleo de Estudos e Pesquisas da Afro-América (Nepafro), Museu Afro Brasil, Wilson Library (Universidade da Carolina do Norte), Gerência de Formação, Acervo e Memória do Theatro Municipal de São Paulo. Às alunas e aos alunos dos diversos cursos a respeito do tema que ministrei ao longo dos últimos anos, assim como debatedores e mediadores dos congressos, simpósios e conferências em que apresentei versões preliminares da pesquisa. Às amigas e aos amigos, tantos e tão importantes, "que mantêm a coragem de gostar de mim, apesar de mim". Ao Rafael Willian, meu amor, por dizer *sim*.

Um agradecimento especial ao prof. dr. Jaime Rodrigues, referência maior, que abraçou esta ideia, qualificou as questões e orientou toda a pesquisa. Ao Tadeu Breda e a toda equipe da Editora Elefante, por acolher este trabalho e cuidar tão bem da edição. À Aline Bispo pela bela ilustração da capa. À minha mãe, Griselde Oliveira, a quem ofereço este livro, porque me motivou a escrevê-lo.